U0330335

徐秉锟 教授 百年华诞纪念文集

徐秉锟教授百年华诞纪念文集编委会 编

中山大学出版社

·广州·

SUN YAT-SEN UNIVERSITY PRESS

图书在版编目（CIP）数据

徐秉锟教授百年华诞纪念文集/徐秉锟教授百年华诞纪念文集编委
会编 . —广州：中山大学出版社，2023.10
　　ISBN 978 - 7 - 306 - 07913 - 8

　　Ⅰ.①徐…　Ⅱ.①徐…　Ⅲ.①徐秉锟（1923—1991）—纪念文集
Ⅳ.①K826.15 - 53

中国国家版本馆 CIP 数据核字（2023）第 185540 号

出 版 人：王天琪
策划编辑：吕肖剑
责任编辑：吕肖剑
封面设计：林绵华
责任校对：刘　婷
责任技编：靳晓虹
出版发行：中山大学出版社
电　　话：编辑部 020 - 84110283，84113349，84111997，84110779，84110776
　　　　　发行部 020 - 84111998，84111981，84111160
地　　址：广州市新港西路 135 号
邮　　编：510275　　传　　真：020 - 84036565
网　　址：http://www.zsup.com.cn　E-mail：zdcbs@ mail. sysu. edu. cn
印 刷 者：广州市友盛彩印有限公司
规　　格：787mm×1092mm　1/16　8 印张　120 千字
版次印次：2023 年 10 月第 1 版　2023 年 10 月第 1 次印刷
定　　价：50.00 元

编　委　会

目　　录

徐秉锟教授生平

徐秉锟，生于 1923 年 12 月 12 日，福建古田县人。1945 年毕业于福建协和大学生物系，1946 年进入广州岭南大学生物系；1948 年获硕士学位后留校任岭南大学医学院寄生虫学科讲师，1956 年晋升为副教授；1958 年加入中国共产党；1978 年晋升为教授并任中山医学院寄生虫学教研室主任；1980 年 6 月任中山医学院副校长、党委常委。

徐教授曾任卫生部寄生虫学研究所所长、第一军医大学名誉教授、广东省寄生虫病研究委员会主任委员、广东省寄生虫学会理事长、河南省科协顾问、国务院学位委员会学科评议组成员与基础医学 1 组召集人、国务院学位委员会西医专家小组成员、中国寄生虫学会副理事长、全国寄生虫病专家咨询委员会副主任委员、英国皇家热带医学暨卫生学会中国分会会员、联合国热带病培训与特别规划联合协调委员会成员、世界卫生组织腹泻病控制规划委员会成员、世界卫生组织西太平洋地区血吸虫病指导委员会成员。

徐教授一生从事医学寄生虫学教学和科研工作，在蠕虫、医学昆虫的形态学、分类学、生态学以及血吸虫病、恙虫病等流行病学与防治研究领域进行了系统、深入的研究。他学术造诣深厚，在国内外多种刊物上先后发表学术论文 150 多篇，是我国著名的寄生虫学专家。徐教授早年的工作主要是吸虫生态学，之后扩大到医学昆虫、蠕虫病流行病学等方面。20 世纪 80 年代，他支持将分子生物学和生物数学技术引进寄生虫学研究，使教研室在吸虫数量分类及中国并殖吸虫等重要病原区系研究方面取得开拓性的研究成果。他还开展了弓形虫抗原和弓形虫免疫化学研究以及肺孢子虫分离纯化及其个体发育与种群动力学的激光研究等。徐教授勇于创新，积极开拓新技术在寄生虫学研究领域的应用，为我国分子寄生虫学的创立和发展做出了突出的贡献。徐教授关注恙螨和恙虫病防治研究，其成果包括媒介恙螨的超微结构、生态、传病机理、监测以及媒介恙螨的杂交等，开拓了我国恙虫病防治研究的新局面。

1978 年起，徐教授先后主编全国高等医药院校教材《人体寄生虫学》（第一、二、三版）、《英汉医学冠名名词词典》《人体寄生虫电镜图谱》《寄生虫学和寄生虫病词典》和《中国人兽共患病学》等约 500 万字的著作；其中《人体寄生虫学》第二版获 1988 年全国高等学校优秀教材奖，第三版获国家级教学成果奖二等奖。他是大型参考书《人体寄生虫学》第一版副主编，在住院期间还编写《中国人畜弓形虫病学》专著等。从 1979 年起创办和主编了《广东省寄生虫学会年报》，兼任《中国人兽共患病杂志》副主编、《中国寄生虫学与寄生虫病杂志》和《中国寄生虫病防治杂志》顾问等学术职务。

1955 年起，徐教授开始招收医学寄生虫学专业研究生和师资班（后改为高师班）学员。1981 年被国务院学位委员会认定为首批博士生指导教师。他培养的博士研究生也成为我国寄生虫学专业的知名专家。他为中山大学人体寄生虫学重点学科建设和我国人体寄生虫学人才培养做出了显著的成绩。

1978 年起，徐教授积极参加国际学术活动，曾多次代表我国参加世界卫生组织（WHO）会议，审议西太区的血吸虫病规划。他还代表西太区国家多次参加在日内瓦 WHO 总部召开的联合国热带病研究和培训特别规划署联合协调委员会会议，并在此期间代表我国两次出席在日内瓦召开的腹泻病控制规划国际会议。1984 年，他代表中华医学会参加日本热带医学会总会第 26 届年会，并被邀做首席专家报告。1985 年参加在马尼拉举行的世界卫生组织国际会议，为我国卫生科研事业在世界性组织发挥更多作用而做出了杰出贡献。

徐秉锟教授照片集

工　作　篇

陈心陶教授（左一）与徐秉锟教授（右二）在血吸虫疫区骑自行车做调查

　　1956 年，陈心陶教授（前左）、徐秉锟教授（后排左一）及教研室的老师与来访的苏联蠕虫学家 петрепзевА（前右）在教研室楼下合影留念

　　1960 年，陈心陶教授（前排左五）、徐秉锟教授（前排左四）与教研室人员合影

　　1962 年陈心陶教授（前排左二）、徐秉锟教授（前排左三）与师资班骨干教师及研究生合影

　　1963 年 9 月 14—21 日，陈心陶（前排左五）、徐秉锟（前排右一）参加中国昆虫学会蜱螨学专业组第一次会议

1964 年，陈心陶（前排中间）、徐秉锟（前排左四）与教研室全体同事合影

1975 年，陈心陶（第二排右四）、徐秉锟（第二排右一）、蔡尚达（第二排左五）、柯小麟（第二排右五）与中山医学院第一届全国寄生虫学师资班学员合影

　　1976 年 10 月，陈心陶（前排中间）、徐秉锟（前排左三）、蔡尚达（前排右三）、陈观今（前排左二）与中山医学院全国寄生虫学师资班学员合影

　　1976 年 10 月，陈心陶（右二）、徐秉锟（左二）、蔡尚达（右一）、陈观今（左一）合影

1979 年，徐秉锟（前排中间）与第五届全国寄生虫学高师班
学员合影

徐秉锟教授（前排左四）与《人体寄生虫学》第一版全国统
编教材编委合影

1979 年，徐秉锟教授（后排左四）、柯小麟教授（前排左四）与各院校教材会议代表合影

徐秉锟教授与教研室部分老师研讨科研实验（前排左起：余炳桢、徐秉锟、邝丽贤、何桂铭；后排左起：陈观今、李桂云）

研究生培养篇

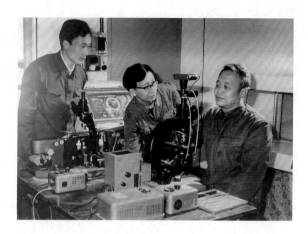

1979 年，徐秉锟教授（右一）指导硕士研究生詹希美（左一）、崔可伦（左二）

1984 年，徐秉锟教授（左一）指导博士研究生詹希美（右一）进行寄生虫生态学的数模处理

1987 年，詹希美博士学位论文答辩委员合影（中间为徐秉锟）

1989 年 12 月，徐秉锟教授（左一）与博士研究生沈继龙（右一）合影

1989 年 12 月，徐秉锟教授（左一）、李英杰教授与博士研究生沈继龙合影

1989 年 12 月，沈继龙博士学位论文答辩委员合影（中间为徐秉锟）

徐秉锟（右四）、江静波（右五）参加第一军医大学研究生答辩时与答辩委员陈观今（左一）、邝丽贤（左二）、李英杰（左三）、黎家灿（右一）等合影

学术交流篇

　　1982年4月1—2日，徐秉锟教授（后排左三）出席联合国热带病研究和培训特别规划署联合协调委员会会议合影

　　徐秉锟教授（后排左三）出席世界卫生组织腹泻病控制规划委员会会议合影

徐秉锟教授（右二）出席国际会议

1983 年 6 月 29—30 日，徐秉锟教授（右一）在瑞士日内瓦出席联合国热带病协调会议

1984 年 11 月，徐秉锟教授（第二排左十）出席日本热带医学会第 26 届年会，并做 50 分钟大会发言（上海第一医学院袁鸿昌教授同行）

1985 年 3 月 28—29 日，徐秉锟教授（第三排左四）与彭文伟、祝家镇一起出席世界卫生组织西太平洋地区血吸虫病指导委员会会议（菲律宾马尼拉）

徐秉锟教授（右一）与香港大学黄启铎教授合影

家 庭 篇

1955 年，喜得贵子

徐秉锟全家福（妻子邓漪平、儿子徐瑞平、徐秉锟）

与夫人和儿子在一起

与儿子合影

1960 年，大哥徐秉钧去美国前的合影（前排左起分别为：邓漪平、弟弟徐秉铮的女儿及妻子；后排左起分别为：弟弟徐秉铮、大哥徐秉钧、徐秉锟）

1960 年，徐秉锟、徐秉铮及家人合影（前排左起分别为：徐瑞平、弟弟徐秉铮的女儿及妻子；后排左起分别为：邓漪平、徐秉锟、徐秉铮）

　　1981 年，大哥徐秉钧从美国回国探亲，兄弟三人重聚（左起分别为：徐秉铮、徐秉钧、徐秉锟）

徐秉锟教授出版的部分教材和专著

《人体寄生虫学》的三个版本（1979年、1985年和1989年）

1988年出版的《人体寄生虫电镜图谱》、1988年出版的《中国人兽共患病学》和1997年出版的《英汉医学冠名名词词典》

《人体寄生虫学》（第三版）获国家级教学成果奖二等奖

徐秉锟指导学生及教师名录

徐秉锟教授协助陈心陶教授指导各院校骨干师资名录（1960 年代）

胡孝素　沈一平　夏代光　龙祖培　李树华　潘金培　董长安

李耀祖　王溪云　邵冠南　刘纪伯　柯小麟　刘　忠　曹和询

刘德广

1970 年代全国寄生虫学高师班学员名录

1974.9—1975.9

湛德纯　王廷哲　姚其芳　林琼莲　郭　衍　夏秀芳　周本江

王素荣　刘元秀　李本文　马武珠　李岳生　阎和平　罗　燕

朱泰华　潘实清

1975.9—1976.9

王　竞　胡文秀　曹飞虎　陆秀君　施唏初　连德润　张华亭

董晋予　唐国柱　田光兆　郭延飞　李礼万　李鸿儒　李祥林

马成骥　陈沛泉

随班旁听：杨继光　戴汉英　谷清华　闵秀婷　黄桂莲

1978.9—1979.9

陈长庚　朱忠英　张超峰　张　凤　王爱民　屈孟卿　张瑞琳

刘国章　黄琼瑶　王亚南　周　毅　王天顺　沈浩贤　黎丽芬

刘德昭

徐秉锟教授指导研究生名录（1980 年代）

詹希美（博士）　　余新炳（博士）　　沈继龙（博士）

陈发凯（博士）　　李全贞（博士）　　李长江（硕士）

王文恭（硕士）

徐秉锟的论文成果

［1］BINGKUN XU. A new frematode of the genus Procerovum from ducks and Chickens in Canton. （Trematoda：Heterophyidae）［J］. Peking Nait. Hist. BuLI. 1950，19（1）：39 – 43.

［2］BINGKUN XU. Some heterophyid metacercanae belonging to the genera Haplorchis and Procerovum（Trematoda：Heterophyidae）［J］. Lingnan Sc. J. 1950，23（1/2）：143 – 144.

［3］HSINTAO CHEN，BINGKUN XU. A preliminary note on schistosomiasis from Szchui district，Kwangtung［J］. Lingnan Sc. J. 1950，23（1/2）：143 – 144.

［4］HSINTAO CHEN，BINGKUN XU. Schistosomiasis in a newly discovered endemic center，Szchuihsien and adjacent areas，Kwangtung Province［J］. Lingnan Sc. J. 1951，23（3）：181 – 200.

［5］BINGKUN XU. A comparative study of the early larval stages of some heterophyid frematodes belonging to the genera Haplorchis and Procerovum（Trematoda：Heterophyidae）［J］. Lingnan Sc. J. 1951，23（4）：235 – 256.

［6］徐秉锟. 关于农民中四种最严重的地方病调查工作的方法［J］. 广州卫生，1951，1（1）：77 – 78.

［7］徐秉锟. 火烧杂草杀灭钉螺蛳的研究［J］. 中华医学杂志，

1953，39（6）：413－422.

[8] 徐秉锟. 肯孔属（Notocotylus）：一新种的描述（吸虫纲；背孔科（Notocotylidae）[J]. 动物学报，1954，6（2）：117－122.

[9] 徐秉锟. 广东钉螺蛳的形态与生态之初步研究[J]. 中华医学杂志，1955，41（2）：117－125.

[10] 陈心陶，徐秉锟. 广东白蛉的报告及一新变种之描述[J]. 昆虫学报，1955，5（3）：295－304.

[11] 陈心陶，徐秉锟. 中国恙虫蚴十二种，包括一新属，六新种及二新变种的描述[J]. 动物学报，1955，7（2）：101－135，144－145，167－179.

[12] BINGKUN XU. A preliminary study on the morphlogy and bionomics of Oncomelania snails in Kwangtung Province [J]. Chinese Med. J, 1955, 73 (6): 477－495.

[13] 徐秉锟，苏克勤，陈心陶. 恙虫的培养方法和地里红恙虫生活史之研究[J]. 中华医学杂志，1956，42（11）：1032－1043.

[14] 徐秉锟. 环境与钉螺蛳的形态和生态之关系的观察[J]. 中华医学杂志，1956，42（11）：1077－1081.

[15] 陈心陶，徐秉锟，王敦清. 中国恙虫蚴的分类研究[J]. 动物学报，1956，8（2）：149－160.

[16] 陈心陶，徐秉锟. 三种恙虫生活史的研究[J]. 动物学报，1956，8（2）：255－260.

[17] 徐秉锟. 马米氏背孔吸虫（Notocotylus mamii hsu，1954）生活史的研究（吸虫纲：背孔科）[J]. 动物学报，1957，9（2）：122－128.

[18] 徐秉锟，陈心陶. 球棒（Globularoschongastia）与恙虫（Trombicula）两属恙虫蚴的研究，包括二新种的描述[J]. 动物学报，1957，9（3）：237－253.

［19］陈心陶，徐秉锟. 寄生于哺乳类和鸟类的恙虫蚴的研究包括三新种的描述［J］. 动物学报，1957，9（4）：379－404.

［20］陈心陶，徐秉锟. 广东五年来血吸虫病的预防研究［C］//中山医学院1957年校庆科学论文讨论会文摘. 1957：20－21.

［21］陈心陶，徐秉锟，蔡尚达. 蠕虫类采集和保存的方法［C］//中山医学院1957年校庆科学论文讨论会文摘. 1957：51.

［22］陈心陶，徐秉锟，余炳桢. 广东曲江马坝消灭血吸虫中间宿主钉螺的研究［J］. 中华医学杂志，1958，44（3）：240－251.

［23］蔡尚达，陈心陶，徐秉锟. 广东省新会县上横、横粉二乡姜片虫病调查报告［J］. 中华寄生虫病杂志，1958，2：78－84.

［24］徐秉锟，苏克勤，陈心陶. 恙虫的培养及四种恙虫生活史的进一步观察［J］. 动物学报，1958，10（2）：103－111.

［25］徐秉锟，陈心陶，蔡尚达，等. 粤东沿海地区海丰、陆丰两县丝虫病调查报告［J］. 微生物学报，1958，6（3）：345－352.

［26］徐秉锟，陈心陶. 广东的地理环境同血吸虫病流行的关系［J］. 中华医学杂志，1958，11：1035－1039.

［27］陈心陶，徐秉锟. 奇棒属（Genus Neoschongastia Ewing，1929）恙虫蚴的研究（Acarina：Trombiculidae）［J］. 动物学报，1958，10（4）：377－384.

［28］陈心陶，徐秉锟，王敦清. 真棒属（Genus Euschongastia Ewing，1938）恙虫的研究，包括二新种的描述（Acarina：Trombiculidae）［J］. 动物学报，1958，10（4）：388－403.

［29］陈心陶，徐秉锟. 中国恙虫种类及其分布［J］. 动物学报，1958，10（4）：404－145.

［30］陈心陶，徐秉锟，余炳桢. 广东六泊草塘拟建堤坝地带钉螺分布调查［G］//血吸虫病研究资料汇编：1957年. 工生部医学科学研

究委员会，血吸虫病研究委员会编辑小组. 上海：上海卫生出版社，1958：78.

[31] 陈心陶，徐秉锟，余炳桢. 广东湖泊型血吸虫病流行区（迳口草塘）丁螺繁殖和疫水感染性季节变迁的研究 [R]. 中山医学院年报，1958：42-44.

[32] 陈心陶，徐秉锟，余炳桢. 广东湖泊型血吸虫病流行区（径口草塘）若干流行因素的研究 [C] //1958 年全国寄生虫病学术会议论文摘要，1958：22-23.

[33] 徐秉锟，苏克勤，陈心陶. 地里红恙虫蚴的出现数量、分布和恙虫病的流行关系的研究 [J]. 微生物学报，1959，7（1/2）：1-9.

[34] 陈心陶，徐秉锟，苏克勤. 地里红恙虫孳生场所的研究 [J]. 动物学报，1959，11（1）：6-11.

[35] 陈心陶，徐秉锟. 我国十年来（1949—1959）蜱螨类调查研究综述 [J]. 动物学杂志，1959，3（10）：436-441.

[36] 陈心陶，徐秉锟. 地里红恙虫蚴叮咬鼠类的试验 [J]. 动物学报，1959，11（4）：539-548.

[37] 陈心陶，徐秉锟. 滑顿属（Genus Whartonia Ewing，1944）两新种恙虫蚴的描述 [J]. 动物学报，1959，11（4）：549-557.

[38] 徐秉锟，陈心陶. 未进食的地里红恙虫蚴的生存时间和温度、相对湿度之关系的观察和试验 [J]. 微生物学报，1960，8（1）：8-16.

[39] 徐秉锟，陈心陶. 地里红恙虫的发育和温度之关系的研究 [J]. 微生物学报，1960，8（1）：1-7.

[40] 陈心陶，徐秉锟. 我国十年来（1949—1959）蜱螨类调查研究综述：恙虫与恙虫病研究 [C] //中山医学院科学论文集：第四辑.

1960：439 – 449.

［41］陈心陶，徐秉锟. 中国恙虫的检索表［C］//中山医学院科学论文集：第四辑. 1960：450 – 456.

［42］陈心陶，徐秉锟. 广州地区褐家鼠和黄胸鼠携带恙虫蚴的季节消长［C］//中山医学院科学论文集：第四辑. 1960：509 – 518.

［43］陈心陶，徐秉锟. 地里红恙虫蚴和鼠类的寄生关系之研究［C］//中山医学院科学论文集：第四辑. 1960：546 – 550.

［44］陈心陶，徐秉锟. 以 p32 标记地里红恙虫的成虫与幼虫的初步探索［C］//中山医学院科学论文集：第四辑. 1960：566 – 573.

［45］陈心陶，徐秉锟. Co 60-γ 射线对地里红恙虫发育之影响的试验［C］//中山医学院科学论文集：第四辑. 1960：574 – 577.

［46］陈心陶，徐秉锟. 从地里红恙虫蚴分离东方立克次体时发现的值得注意的情况［C］//中山医学院科学论文集：第四辑. 1960：578 – 580.

［47］杨子莊，徐秉锟，黎家灿，等. 人体螨虫病：在肾炎患儿尿内发现螨虫初步探索［R］. 中山医学院 1962 年科学讨论会报告摘要. 1962：105.

［48］陈心陶，徐秉锟. 恙虫爬行速度的试验［J］. 动物学报，1962（3）：307 – 313.

［49］陈心陶，徐秉锟. 地里红恙虫蚴"群集现象"的研究［J］. 动物学报，1962，14（4）：458.

［50］陈心陶，徐秉锟. 地里红恙虫蚴在恒温与变温环境中发育之比较研究［J］. 中山大学学报（生物科学专号），1962：87 – 90.

［51］陈心陶，徐秉锟. 地里红恙虫蚴虫孵出的数量和成虫龄期之关系［J］. 动物学报，1962，14（4）：355 – 360.

［52］徐秉锟. 恙虫生态和恙虫病流行的季节性问题［J］. 中山大

学学报（生物科学专号），1962：75－86.

[53] 徐秉锟. 恙虫生态和恙虫病之流行的季节性问题 ［G］//中山医学院讲学团汇编（上册）. 1962：34－42.

[54] 徐秉锟. 恙虫病流行病学野外调查的工作方法 ［G］//中山医学院讲学团汇编（上册）. 1962：43－46.

[55] 陈心陶，徐秉锟. 我国多齿属（Acomatacarus）各恙虫的分类地位 ［J］. 动物学报，1962，14（4）：489－493.

[56] 陈心陶，徐秉锟. 几种蝙蝠恙虫蚴韵研究 ［J］. 动物学报，1963，15（4）：597－606.

[57] 陈心陶，徐秉锟，蔡尚达. 吸虫纲中国动物图谱：扁形动物 ［M］//陈心陶，唐仲璋，江静波，等. 中国动物图谱：扁形动物. 北京：科学出版社，1963，9－41.

[58] 陈心陶，徐秉锟. 地里红恙虫蚴攀登鼠类的试验 ［J］. 动物学报，1963，15（1）：29－32.

[59] 徐秉锟，刘子珍，陈心陶. 温度对地理红恙虫卵发育影响的研究 ［J］. 动物学报，1963，15（1）：185－187.

[60] 徐秉锟，黎家灿，陈心陶. Co 60 丙种射线对地里红恙虫发育及生殖能力之影响的研究 ［J］. 昆虫学报，1963，12（5/6）：578－585.

[61] 徐秉锟，陈心陶. 从广东发现的恙虫蚴新种 ［J］. 昆虫学报，1964，13（5）：737－752.

[62] 徐秉锟. 华支睾吸虫可以在螺蛳宿主体内完成囊蚴期发育的发现 ［C］//中山医学院论文集：第二十一辑（上）. 1964：45－47.

[63] 陈心陶，徐秉锟. 恙虫的生活史和生态研究 ［C］//中山医学院论文集：第二十一辑（下）. 1964：317－321.

[64] HSINTAO CHEN, BINGKUN XU. Bionomics of scrub-mite and its significance in practical applications ［C］. The First Afro—Asian Medical

Conference，1964，Oct：24 – 30.

［65］徐秉锟. 地里红恙虫幼虫数的预测和恙虫病的流行［C］//中山医学院论文集：第二十一辑（下）. 1964：343 – 348.

［66］陈心陶，徐秉锟. 以 p32 标记地里红恙虫的进一步探索（摘要）［C］//中山医学院论文集：第二十一辑（下）. 1964：355.

［67］徐秉锟，黎家灿，陈心陶. 地里红恙虫的蛹期经钴 60 丙种射线处理后对其发育及生殖能力之影响的研究（摘要）［C］//中山医学院论文集：第二十一辑（下）. 1964：357.

［68］徐秉锟，黎家灿，陈心陶. 钴 60 丙种射线处理恙虫饱食蚴后对其发育影响的远期效应（摘要）［C］//中山医学院论文集：第二十一辑（下）. 1964：358.

［69］徐秉锟. 华支睾吸虫和异形类吸虫的混合感染［J］. 中华医学杂志，1964，50（11）：681 – 685.

［70］徐秉锟，刘子珍，陈心陶. 地里红恙虫产卵规律的探索［J］. 昆虫学报，1964，13（1）：56 – 66.

［71］徐秉锟，李英杰，黎家灿，等. 广东珠江三角洲沙田地区五种鼠类的巢穴内节肢动物调查［J］. 动物学报，1964，16（1）：123 – 131.

［72］陈心陶，徐秉锟，姜贯中，等. 我国新发现的人体吸虫（Achillurbainia nouveli Dollfus，1939）［J］. 中华医学杂志，1964，50（3）：164 – 165.

［73］徐秉锟. 恙虫生态学在实际应用上的问题［R］. 中山医学院1965 年科学讨论会报告摘要，1965：10.

［74］徐秉锟，黎家灿，陈心陶. 地里红恙螨对"1059"与"1605"产生抗药性的试验［R］. 中山医学院 1965 年科学讨论会报告摘要，1965：10 – 11.

［75］徐秉锟，黎家灿，陈心陶. Co 60-γ 射线诱发地里红恙螨突

变的研究［R］. 中山医学院1965年科学讨论会报告摘要，1965：11.

［76］陈心陶，徐秉锟. 五甲属与恙虫属几种恙虫蚴的描述［J］. 动物学报，1965，17（1）：80－85.

［77］陈心陶，徐秉锟. 寄生在鼠类鼻腔的7新种恙螨的描述［J］. 动物学报，1965，17（3）：283－297.

［78］徐秉锟. 我国恙虫病疫区的地区界限和类型划分［J］. 寄生虫学报，1965，2（2）：167－174.

［79］徐秉锟. 地里红恙螨种群数量的生态研究［J］. 寄生虫学报，1965，2（3）：218－228.

［80］徐秉锟，黎家灿，陈心陶. Co 60-γ射线对地里红恙螨的影响包括形态、机能和遗传性的改变［J］. 寄生虫学报，1965，2（4）：404－411.

［81］徐秉锟. 地里红恙螨发育过程的体重改变［J］. 寄生虫学报，1965，2（2）：212.

［82］徐秉锟，刘子珍，陈心陶. 恙虫幼虫表面分布的试验观察［J］. 寄生虫学报，1965，2（4）：389－393.

［83］徐秉锟，黎家灿，陈心陶. 敌百虫对地里红恙虫的毒效试验［J］. 寄生虫学报，1965，2（3）：235－240.

［84］徐秉锟，黎家灿，陈心陶. 地里红恙螨未食幼虫对"1059"与"1605"敏感性的测定［J］. 寄生虫学报，1965，2（3）：314－315.

［85］徐秉锟. 螨类生物学［J］. 生物学通报，1965（5）：23－27.

［86］徐秉锟，陈心陶. 恙螨的生态和防灭及有关的研究方法［M］. 上海：上海科技出版社，1965：139－186.

［87］徐秉锟，黎家灿，陈心陶. 以p32标记地里红恙虫的研究［J］. 寄生虫学报，1966，3（2）：118－124.

［88］徐秉锟. 华支睾吸虫可在螺蛳宿主体内完成囊蚴期发育的发

现［G］//河南省卫生防疫站，周口地区卫生防疫站．肝吸虫病资料选编．1976：70－72.

［89］徐秉锟．科学文献工作与方法［G］//中山医学院．基础理论学术讲座汇编（第一集）．1978：1－3.

［90］黎家灿，伍承英，徐秉锟，等．基本消灭血吸虫病地区各种诊断方法的查病意义及其问题［J］．新医学，1979，2：57－59.

［91］徐秉锟，李道宁．孟氏裂头绦虫成虫人体感染六例［J］．中华医学杂志，1979，58（2）：755.

［92］徐秉锟，李道宁．我国"罕见"人体寄生虫概况［J］．中华医学杂志，1979，59（5）：286－290.

［93］徐秉锟．华支睾吸虫病（病原生物学、流行病学、诊断与治疗）［R］//广西壮族自治区寄生虫病防治研究所．南方地区寄生虫病防治进修班讲义．1979：433－450.

［94］徐秉锟，余炳桢，刘启文，等．广东省湖沼地区钉螺生态动力学方面的一些观察及其对消灭残存钉螺的意义［J］．广东寄生虫学会年报，1979，1：6－12.

［95］徐秉锟．基本消灭血吸虫病地区残存钉螺增殖动力（摘要）［J］．广东寄生虫学会年报，1979，1：13.

［96］徐秉锟．恙虫病流行预测预报的媒介恙螨生态学基础［J］．广东寄生虫学会年报，1979，1：59－74.

［97］徐秉锟，黎家灿，陈心陶．地里红恙螨 Co 60 丙种射线诱发突变试验：突变品系种群增殖能力测定［J］．广东寄生虫学会年报，1979，1：74－77.

［98］徐秉锟．地里红恙螨防制研究（摘要）［J］．广东寄生虫学会年报，1979，1：78.

［99］徐秉锟，刘达宏，伍承英，等．广东弓浆虫病一例初报

［J］. 广东寄生虫学会年报，1979，1：86－87.

［100］徐秉锟，李桂云，李道宁. 广东并殖吸虫种类研究及并殖病一例初报［J］. 广东寄生虫学会年报，1979，1：87－88.

［101］徐秉锟，容瑾，余炳桢，等. 日本血吸虫的超微结构（一）皮层结构（摘要）［J］. 广东寄生虫学会年报，1979，1：116.

［102］徐秉锟. 从人的粪便与组织中发现的类似肝吸虫卵的鉴别问题［J］. 中华医学杂志，1980，60（1）：33－35.

［103］徐秉锟. 我国已经消灭血吸虫病地区的估计［J］. 中山医学院学报，1980，1（1）：55－58.

［104］徐秉锟，黎家灿，莫艳霞，等. 敌敌畏熏杀地里纤恙螨幼虫的试验［J］. 广东寄生虫学会年报，1981，3：167－171.

［105］徐秉锟，黎家灿，莫艳霞，等. 地里纤恙螨幼虫吸食鼠血的试验［J］. 广东寄生虫学会年报，1981，3：171－174.

［106］徐秉锟，黎家灿，莫艳霞，等. 两种恙螨生活史的研究［J］. 广东寄生虫学会年报，1981，3：174－176.

［107］徐秉锟，黎家灿，莫艳霞，等. 广州地区恙虫病媒介孳生地现况［J］. 广东寄生虫学会年报，1981，3：180.

［108］徐秉锟，刘子珍. 地里红恙螨产卵规律的进一步探索［J］. 广东寄生虫学会年报，1981，3：177－179.

［109］徐秉锟，詹希美. 六种并殖吸虫成虫的数量分类［J］. 中山医学院学报，1982，3（3）：17－23.

［110］徐秉锟，黎家灿，莫艳霞，等. 地里纤恙螨卵扫描电镜观察［J］. 广东寄生虫学会年报，1983，4/5：114－117

［111］徐秉锟，黎家灿，詹希美，等. 敌敌畏熏杀地里纤恙螨幼虫影响因素的多元回归［J］. 广东寄生虫学会年报，1983，4/5：118－120.

［112］黎家灿，莫艳霞，徐秉锟，等. 恙螨杂交试验初探［J］. 广东寄生虫学会年报，1983，4/5：120 - 121.

［113］黎家灿，莫艳霞，徐秉锟，等. 湿度对地里红恙螨卵的影响：卵壳变形和幼虫的孵化［J］. 广东寄生虫学会年报，1983，4/5：121.

［114］黎家灿，莫艳霞，徐秉锟，等. 恙螨生殖能力的试验观察员 1：配对和接触精胞对雌虫生殖能力的影响［J］. 广东寄生虫学会年报，1983，4/5：122 - 123.

［115］徐秉锟，李道宁. 铁线虫寄生人体一例［J］. 广东寄生虫学会年报，1983，4/5：112 - 113.

［116］徐秉锟，李道宁. 我国舌形虫（tongue worms）的人体感染［J］. 广东寄生虫学会年报，1980，2：154.

［117］徐秉锟，黎家灿. 儿童肾炎病例尿中检获的螨类［J］. 广东寄生虫学会年报，1985，7：203 - 206.

［118］徐秉锟，黎家灿，莫艳霞，等. 温度对恙螨幼虫叮咬鼠类的影响［J］. 广东寄生虫学会年报，1985，7：207 - 208

［119］黎家灿，莫艳霞，徐秉锟，等. 恙螨背腹毛扫描电镜观察［J］. 广东寄生虫学会年报，1985，7：208 - 210.

［120］徐秉锟，黎家灿，莫艳霞，等. 广州地区恙虫病媒介孳生地监测（附恙螨种类名录）［J］. 广东寄生虫学会年报，1987，8/9：25 - 27.

［121］黎家灿，徐秉锟，莫艳霞，等. 恙螨的杂交遗传研究 1：地里纤恙螨的杂交试验［J］. 广东寄生虫学会年报，1987，8/9：27 - 29.

［122］黎家灿，徐秉锟. 五种恙螨卵的扫描电镜观察［J］. 广东寄生虫学会年报，1987，8/9：29 - 30.

［123］徐秉锟，黎家灿. 印度囊棒恙螨的扫描电镜观察［J］. 广

东寄生虫学会年报，1987，8/9：30 - 31.

[124] 黎家灿，徐秉锟，莫艳霞，等. 除虫菊酯对地里纤恙螨的毒效试验 [J]. 广东寄生虫学会年报，1987，8/9：31 - 33.

[125] 陈成福，黎家灿，莫艳霞，徐秉锟. 不同年龄的地里纤恙螨成虫的形态与行为观察 [J]. 广东寄生虫学会年报，1987，8/9：35 - 37.

[126] 黎家灿，徐秉锟，莫艳霞，等. 恙螨的杂交遗传研究 2：地里纤恙螨的杂种第二代实验续报 [J]. 广东寄生虫学会年报，1988，10：225 - 226.

[127] 莫艳霞，黎家灿，徐秉锟，等. Co 60-γ 射线对纤恙螨诱发突变的长期效应观察 [J]. 广东寄生虫学会年报，1988，10：226 - 229.

[128] 黎家灿，徐秉锟，莫艳霞，等. 不同处理的恙螨标本扫描电镜观察 [J]. 广东寄生虫学会年报，1988，10：230 - 231.

[129] 黎家灿，徐秉锟. 地里纤恙螨精胞扫描电镜的观察 [J]. 广东寄生虫学会年报，1988，10：232.

[130] 黎家灿，徐秉锟. 恙虫病主要媒介地里纤恙螨红、白体色的杂交试验 [J]. 中国人兽共患病杂志，1990，6（1）：15 - 17.

[131] 莫艳霞，黎家灿，徐秉锟，等. 龙洞东洋恙螨新种描述及其生活史观察（蜱螨目：恙螨科）[J]. 昆虫学报，1990，33（4）：495 - 497.

[132] 洪菲，黎家灿，徐秉锟. 恙虫病立克次体实验感染地里纤恙螨经卵传递的研究 [J]. 中国人兽共患病杂志，1991，7（4）：2 - 4.

[133] 余新炳，徐秉锟，祁国荣，等. 肝片形吸虫和布氏姜片吸虫 SSRRNA 分子中一个奇特的多分支环序列 [J]. 中国人兽共患病杂志，1996，12（1）：3 - 5.

[134] 陈观今，刘达宏，徐秉锟，等. 人体刚地弓形虫动物感染试验 [J]. 广东寄生虫学会年报，1980，2：112 - 113.

［135］伍承英，陈观今，徐秉锟，等. 间接血凝试验对动物和人群血清抗弓形虫抗体的研究［J］. 广东寄生虫学会年报，1980，2：114－115.

［136］李长江，徐秉锟. 61 种棘口吸虫数量分类探讨［J］. 广东寄生虫学会年报，1988，10：106－109.

［137］李长江，徐秉锟. 我国四省市部分地区棘口类吸虫动物感染的初步调查［J］. 广东寄生虫学会年报，1988，10：110－111.

［138］李长江，徐秉锟. 5 种棘口吸虫成虫结构特征 95% 理论值［J］. 广东寄生虫学会年报，1988，10：111.

［139］余新炳，徐秉锟，柯小麟，等. 布氏姜片吸虫 5SrRNA 的核苷酸顺序简报［J］. 广东寄生虫学会年报，1988，10：114－116.

［140］徐秉锟，连德润，陈发凯. 卡氏肺孢子虫感染的实验研究［J］. 广东寄生虫学会年报，1988，10：179－180.

［141］陈观今，郭小华，徐秉锟. 检测循环抗原（CA）对诊断急性弓形虫感染的研究［J］. 广东寄生虫学会年报，1991，11/13：2－5.

［142］郭小华，陈观今，徐秉锟，等. 弓形虫感染抗体检测的研究［J］. 广东寄生虫学会年报，1991，11/13：5－7.

［143］沈继龙，徐秉锟，等. 隐性弓形虫感染的活化及包囊的形成［J］. 广东寄生虫学会年报，1991，11/13：8.

［144］沈继龙，徐秉锟. 弓形虫抗原的免疫化学研究［J］. 广东寄生虫学会年报，1991. 11－13：8.

［145］陈发凯，徐秉锟. 卡氏肺孢子虫包囊种群 DNA、RNA，蛋白质含量动力学研究［J］. 广东寄生虫学会年报，1991，Ⅱ/13：12－15.

［146］陈发凯，徐秉锟. 细胞显微图象数字处理系统对卡氏肺孢子虫包囊多参数分析［J］. 广东寄生虫学会年报，1991，11/13：15－16.

［147］陈发凯，徐秉锟. 卡氏肺孢子虫包囊激光显微外科术后遗传特性研究及外源性基因导人的可能性［J］. 广东寄生虫学会年报，1991，Ⅱ/13：16－18.

［148］陈发凯，徐秉锟. 卡氏肺孢子虫激光辐射后的生物效应观察［J］. 广东寄生虫学会年报，1991，11/13：19－22.

［149］连德润，徐秉锟，陈发凯，等. 广州地区婴幼儿隐孢子虫病［R］. 广东寄生虫学会年报，1991，11/13：22－24.

［150］詹希美，徐秉锟，李桂云，等. 10 个省地区卫氏并殖与斯氏狸殖成虫蛋白酶谱分析［J］. 广东寄生虫学会年报，1991，11/13：148－151.

［151］余新炳，徐秉锟，柯小麟，等. 肝片形吸虫 SSrRNA 结构特点及分子演化探讨［J］. 广东寄生虫学会年报，1991，11/13：160－162.

［152］李长江，徐秉锟，徐小川，等. 卷棘口吸虫的动物感染与分类学研究［J］. 广东寄生虫学会年报，1991，11/13：173.

［153］王文恭，徐秉锟，刘启文. 256 份城乡大、中、小学生血清蛔虫抗体检测［J］. 广东寄生虫学会年报，1991，11/13：230－230.

徐秉锟教授的治学态度

在学习的道路上 *

徐秉锟

每逢校庆，心情难免有些激动，在母校，我度过了研究生的学习阶段，又在这里工作了 17 个年头。回想走过的一段弯弯曲曲的道路，对自己是一种鞭策，对比我年轻的人来说则可以从中吸取教训。

（一）磨棱去角

1945 年走出大学校门不久，我得到机会跟陈心陶教授学习。当时学习的愿望是十分强烈的，同时抱着对科学的幻想和抱负。可是，入学后除了修读为研究生开设的一些课程外，平常接触到的都是一些平凡、单调、琐碎的工作。比如，检查动物；在显微镜下计算数不清的囊蚴；连续好几个星期观察同一个微细结构；反复称一些物体的重量；等等。这和我当时所想象中的科学家的工作距离至少有十万八千里，何况自己还认为在大学时已经经过严格的训练，并且完成过一个科学研究，只

---

* 本文发表在 1962 年 11 月 12 日《中山医学院院刊》。

是，在导师严厉的目光下不敢有所表现罢了。开始一段时间就这样过去了，当时认为毫无收获。可是，逐渐感到屁股坐得稳多了，经过无数次失败之后，粗心大意的毛病好了一些，各种不切实际的幻想不再经常打扰自己了，同时不知不觉间开始形成一种工作的样子。我想这正像深山里的一块顽石经过一段滚动后磨去一些棱与角，再滚起来声音就不那么刺耳，拿在手上也比较舒服，可以斧削琢磨了。

（二）锁匙在哪里？

转眼间，学习就要结束，开始论文答辩了。早就听人说过，获得学位，拿到打开科学宝库的锁匙，事情就好办了。可是锁匙在哪里呢？留在脑子里面的只有：论文研究和写作的过程；和导师无数次的交换意见，许多的批评和鼓励；每一次实验失败后的痛苦，以及克服一个困难，解决一个问题时的喜悦。那么，长时间的辛勤劳动，好几个月来每天 20 小时的连续工作不是白费了吗？

论文对我来说好像是由许多未知和困难构成的，我对这些都是毫无经验的、陌生的，也知道它是不容易解决的问题。在进行的过程，每解开一个未知或困难总要经历一番失败，但是像解开一个个网上的结一样，最后终于找到了脉络。事实深刻地教育了一个人，让他确信客观世界是可知的，锻炼了他敢于克服困难、不怕失败的勇气，还培养了他遇到困难向各种各样的人、向书本请教的习惯。在无数次失败之后逐步走向谨慎谦虚、实事求是、细细致致、踏踏实实的轨道，从而具备了起码的科学态度。

另外，逐渐地学习了客观全面地观察事物、客观全面地进行记录、按照一定的方法管理和使用记录；学会在杂乱无章的资料中看出一些问题，下一个比较恰当的结论等。在我的记忆里，学习这些都是不容易的，现在还一直学不好。比方说观察和记录事物及试验的结果吧，客观和全面就很难做到。以最简单的动物检查为例，假定原先的目的是想了解一种肺的寄生虫，这个愿望常常会有意识地或无意识地影响观察和记录，使我们在一定程度上忽略了对别的器官的观察；当对肺的观察有所发现时，常觉得比别的器官的同样表现要严重一些，记录也一样，表达主观想法的词句往往代替了客观的描述，记了这一点又漏了那一面。

但是，我的导师用一种很好的方法去解决了上述许许多多的问题。他不是一开始就给一个论文的题目，而是提出一个摸索和前进的方向，学生在比较大的范围内，用多种试验方法探索一番之后才慢慢地朝其中的一个方向深入下去。这样就不知不觉中打下一个比较大的、包括各种各样科学训练的基础，广泛地启示了如何进入科学世界和怎样从这个世界找到问题，并且为解决像"客观的观察和记录"这样一类的问题提供良好的条件。例如，研究的目的是解决某种寄生虫的某一生态学问题，那么应该从动物检查开始，先搞清楚这些动物的寄生虫相，其中的一些寄生虫和动物宿主的关系以及研究对象的生长发育过程及其规律，最后才引到正题来。

这些看来都是很小的事情，但却是根本的。

（三）从老师的立足点开始

研究生毕业之后，我留院工作了，使我有机会继续跟陈教授学习。教学对我而言是一个完全新的问题，只能按照科学研究那样来做。我一点一滴地记录教学上遭遇到的问题和困难、每一次教学的效果以及当时的想法和改进的意见，进行了资料的累积，同时阅读文献。另外，我希望能够学习老师的许多专长中的某一方面，因此继续进行蠕虫学方面的研究。我先进一步了解老师在这方面的成就和贡献，继则探索其取得成就的原因、工作方法和经验。由于陈教授的毫无保留的帮助，我几乎阅读了他在这方面全部的家底和材料，包括一些原始资料在内。

最重要的是保持经常的紧密的接触，进行许许多多坦率的意见交换，我甚至大体上知道了过去那么长时间，老师对这些问题是怎样想的，哪些是成功的，哪些是失败的，为什么会有这样五花八门的想法等。从一件事可以看出收获是很大的，这时期我几乎补足了全部蠕虫学的资料，并且写成卡片。我在科研方面虽然成绩不好，但在一年中总算也写了三篇论文。

（四）一则故事的启发

在过去的十来年中，我先后参与了好几个科研内容，开始时搞蠕虫学，后来研究钉螺蛳的生态，1954 年后转到医学昆虫学方面搞恙虫病媒介的研究。这些对我来说都是陌生的，其中像恙虫则连见也没见过。因此，每逢一种工作搞得有点头绪而又要改换新的工作的时候，思想上总是有点疙瘩。这些时候我往往想起巴斯德的故事来，巴斯德本来是一位化学家，因为工作需要最终成为有成就的细菌学家。今天看来，一个人把学习的范围扩大一点是有好处的，是必要的，特别是高等院校的教师过早定向可能是不适宜的。认真地工作，并且从基础做起，基础打得牢一些，逐步提高深入，那么不论能否获得理想的结果，科研的深入和研究者的提高必然会吻合起来。

（五）资料累积的结果

由于多年来坚持从基础做起，而且接触得广一些，坚持尽可能客观地和全面地观察和记录，依照一定的方法管理和使用记下来的资料，因此尽管每天得到的材料不多，但累积起来却是很可观的。应该指出的是，照这样累积起来的资料，从第一张的卡片记录到最近的全部资料一直在不断地提出问题，同时还解决问题，时间会证明它们的作用会越来越大。每一次的资料整理会给你解决一些问题，同时提出新的研究课题，而且一次比一次多。这样，朝着一定方向发展的一个科学研究好像雪地上滚雪球一样，越滚越大；从质的角度看则是越来越深入，得出的结论越来越概括了。以恙虫病媒介方面的研究为例，1954 年下半年我们做出了研究规划，从记录第一张卡片到现在总共累积了 5000 多份 1 万多张的试验观察的卡片资料。1955 年，我们提出第一篇恙虫方面的研究报告，1956 年提出 3 篇材料，1957 年 2 篇，1958 年 4 篇，1959 年 6 篇，1960 年增加到 18 篇。1961 年以后从比较成熟的资料来看，大约还可以提供 20 篇左右的材料，已经写出了 6 篇，不但研究的课题越来越多，而且内容越来越专，牵涉的科学范围也越来越广了。这样的一个过程对任何人应该都会有一定的收获和提高的。

教学也是一样，由于一开始就当科研来做，尽可能客观和详尽地记录每一节课出现的问题以及各种改进尝试的效果，并且每年开课前仔细地研究分析过去的资料，提出改进的方案和办法。这样经过若干年，终于找到了门径。与此同时，由于科研的带动和教学上的需要，系统地钻研了本专业的文献，把它们变为卡片资料，还附上个人的心得，并且依照一定的方法管理起来，永远为我们服务。日积月累，就会感到知识多一些了，思想方法也周密了，分析能力强一点了，教学经验比较多了，教学质量自然而然地提高了。

（六）底加一丈，高增一尺

科研和教学都必须有广而厚的科学基础；而基础加宽加厚之后，科研和教学质量的提高才有可能。但是，并不是基础和提高都是成比例增长的。越到后来提高越困难，往往仅仅为了提高一点点就要解决许许多多的基础问题。遇到这种情况就要下决心把基础再打广一些厚一些。就恙虫的研究来说，开始的时候有比较好的寄生虫学的基础就够了，但进入恙虫病流行病学，恙虫生态学的某些比较专门的领域时就要用到植物地理学、气象学、土壤学等知识；整理复杂一点的资料或进行某种预测还得用到概率论和数理统计；至于进行放射性同位素或者病原方面的探索，那就不能不牵涉到各个有关的科学。不及时地解决这些问题，进展是很困难的。我们只能一步步地学，学一点做一点，别无其他的办法了，等到你能突破中间的一环，才会出现新的境地。

（七）不能放松

大约是本质上的问题，十多年来我不断地出问题，主观和不谨慎像一把钳子老是钳住我，而个人主义又时时以各种各样的面目出现；因此必须不断地进行思想斗争，提高阶级觉悟和科学修养。这些我常常得到党和老师的帮助。陈教授的习惯是：一个材料或结果，在提出之前总是十分慎重地从正面反面、从各个角度反复考虑审查。科学论文则必须经过多次修改，再三推敲，认为都恰当之后还要搁置很长时间，等脑子冷静下来了，主观的影响少了一些之后再来审查和推敲。尽管这样，错误还是时常有的，因此，在学习的道路上，一点点的放松都有可能铸成很大的错误。

徐秉锟教授的部分作品影印

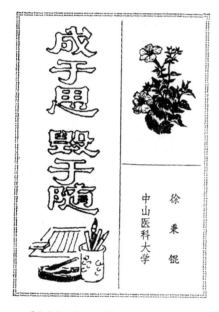

成于思 毁于随

中山医科大学

徐秉锟

[作者简介] 徐秉锟,1923年12月12日出生于福建省古田县。现为中山医科大学寄生虫学教授、广东省寄生虫病研究委员会主任委员、卫生部医学科学委员会委员和高等医药院校教材编审委员会委员、全国血吸虫病研究委员会副主任、中国寄生虫学会副理事长、国务院学位委员会成员。40年来发表科学论文130余篇,多次代表我国参加世界卫生组织会议。

(一)一件难忘的事

若干年前,我怀着一颗强烈的探索与求知的愿望当一位教授的助手进行一项科研工作。第一步是筛选一株合适的细胞株供某种原虫发育繁殖之用。我详细分析了各种条件和因素,记录每一个细节,小心翼翼地摸索了一年时间,终

于掌握和稳定了各种理化环境,培育出一株经过初步试验认为是很有希望的细胞株并在实验室正常地生长、分裂、传代。眼看就要大功告成,正在暗中高兴的时候,产生了轻敌情绪,思想麻痹起来。有一天到转种时才发觉已经清洗消毒的培养皿用完了。当时恰恰忙于考试,为了节约时间我领了一批新的培养皿,经过洗涤、消毒后用于转种。若在平时我对这么大的变动一定会思考再三,不会轻举妄动的。几天后发现细胞全部死亡;一年多的日夜辛苦就这样付诸东流。事后反复检查原因,问题就出在培养皿上。测定的结果这批培养皿不是中性的,因此经过一段时间后培养基的酸碱度偏离了正常范围。千里之堤溃於蚁穴。这是对我本应想到而毁于随的严重惩罚。直到现在,每逢工作困难时总想起这件事,老师当时严厉的目光使我终生难忘。

(二)正读反思

科学研究的成功离不开思考,文献阅读也离不开思考。科学文献浩如烟海,知识日新月异。客观的形势迫使科学家必须了解和掌握的知识越来越新,而越来越广。在当今的年代,文献收集与情报传递的方法已经起了革命。从治学的角度看,由文献吸取精华与教训以及知识质量选择与知识浓缩的本身仅仅是治学的一个方面,通过它们培养周密的、敏捷的思维才是核心。

所谓正读就是正确理解内容,对不熟识的领域更要反复思考、弄懂,它的前提是虚心。学习前人和别人做到虚心也真不容易。因理解错误,忽视甚至轻视人家的经验而付出的巨大的代价,每个科学家都有一本帐。记得看过一篇文献提到吸虫生活史的研究从囊蚴期开始成功的机会大。那时候我刚完成了一篇这方面的论文。虽然是初学但对上述文献并不予以重视。

直到经历了好几次的挫折，吃了亏之后才冷静下来。但那是多次无效劳动的代价换来的。

正读之外还要反思。所谓反思就是大胆怀疑。从研究课题的提出，试验设计，数据的可靠性及处理，逻辑推理以及论点、结论中找漏洞，不足与错误，以判断结论的可信度，再经反复思考决定取舍。总之，正读反思的立足点是既要虚心，又不迷信；它的实质是把文献学习作为提高独立思考能力的重要手段。因此必须把学习心得连同文献摘要如实地记录在文献卡片上供参考。再使用该卡片时可以记录新的心得、修改、补充旧的心得。我的意思是要训练自己对文献先正读后反思，倒过来固然不行，光正读或反思也不行。

（三）站在自己的对立面

对别人不盲从较易，对自己作客观的剖析则难；但后者却是能有所成就的最重要的一关。这需要勇气，更需要严格的锻炼，一种必不可少的锻炼。它可以克服主观性，使思考问题周密，严谨起来。

我曾经领导"恙虫病媒介种群动力学"的研究，先后在科学杂志上发表了这一课题的论文24篇。直接或间接制约恙虫病媒介种群数量的因素很多：温度、雨量、湿度、媒介孳生点的小气候，泥土的土质、酸碱度、湿度、有机物含量，生物群落的组成与数量，地下水位，鼠类宿主的数量、活动、带螨指数与数量等等。开始时我们把一对对因果相关的因素分别在可控的条件下试验，并结合现场的验证，从正反两个方面确定因果关系，除正证、反证外还有佐证。试验结果经过剖析认为不行，因为在自然界一对对因果关系都不是孤立的，而是许多因素相互制约的。以后改用几对因果相关的因素一起试验。当然也获得结果，但再加以剖析后认为还是不说明问题。因为许许多多相互制约的因素是在"生态系统"的总体中动态地发展着。从总体中某一动向看是许多因素综合地作用于这一动向的结果；因此想了解种群数量动态必须把"生态系统"的各个层次以及种群动态的主动量弄清楚，也就是从整体、动态、定量的角度研究种群动态的主动量。这样，试验设计就得推倒重来。不难看出这过程实际上是最后一试验否定前一试验，后一阶段否定前一阶段，是在站在自己的对立面、自己否定自己的基础上进行的。从这一意义说，前进就是不断否定的过程。科研的成果是这样，思考能力的提高也是这样。

对自己的工作做无情的剖析有一个自己强迫自己这样做，逐渐地习惯成自然的过程。但常常由于水平不高，知识的局限性以及自觉或不自觉的偏袒，这种反己审查并不彻底。这就需要阶段性的或一个课题完成之后终结性的反己审查。学会经常站在自己的对立面思考问题固然能使工作做得好--些，使科研结论可信一些，但更多的是着眼于未来，着眼于人才的成长，是治学的一种手段。

（四）暴露问题　完善设计

反己审查的另一目的是总结经验教训，为下一步的进展提出较完善或更完善的设计，以减少失误。但某试验的新设计必定包括一些过去还完全没有经验的内容。这就需要在正式开始试验之前先进行有目的的探索性预备试验。这种预备性试验主要是暴露正式试验时可能出现的问题，暴露得愈彻底愈全面，正式试验成功的机会就愈大。有一次，想进行某种寄生虫动物模型的试验，预备试验使用了 $A、B、C$ 三种动物，结果 B 动物被感染成功，出现相当典型的某种寄生虫病。因此正式试验时选用了这种动物。试验做了将近一年后进行数据处理，发觉自相矛盾的地方不少；既得不到肯定的结论，也得不到否定的结论。经过反复检查才发现这种动物个体差异很大，对一些因素又极敏感，试验技术很难掌握。这说明预备试验没有让可能出现的问题充分暴露出来，因此不可能制订出合理的试验设计，试验当然要失败。吸取了教训之后，我们又重新试验了好几种动物，有意识地使尽可能多的问题显示出来，在许多失败中选用了一种动物，较全面地作了分析评价，估计可能冒出的问题，重新修改试验设计，才完成了这一研究工作。

（五）细微观察　客观记录

试验设计是科学试验的蓝图，往往有规定的观察项目和预期的结果，是依计划有条不紊地进行试验的保证。但是它同时带来了主观干预客观的成份。更严重的是有时使你忽视了没有引起注意的，甚至是当时大家不可能想到的重要现象，而这些现象有时更重要，能够导出正确的结论，或获得完全新的结论。因此要求对试验过程的一切现象都做细微的观察，不能有所选择，特别是一些被认为无关紧要的或容易被忽视的现象更不能放过。正因为是一些不受注意的现象，当它们被证实与某些规律性联系在一起时才真正出现突破，超出一般认识的范畴。

记录必须客观。在这里，客观有两个含义，一是不带主观成份有所选择、有所偏重地做记录，二是记录用词必须有量与质的明确含义，能准确表达实际的定量数据，不是主观的判断。要做到这一点也并不容易，也有个严格要求，长期坚持，养成习惯的过程。许多人在完成试验设计的同时，形成固定的思路不自觉地套在客观上，因而试验结果不能反映规律性的东西。有一次学生做实验，预定的观察项目有7个。一位比较调皮的学生却我行我素专心观察了一种好像是偶然出现的现象。数据统计处理的结果所有的学生得到的只是众所周知的结论，唯独他提出了完全新的看法，重复试验后证明是正确的。

（六）失败的总和

人类认识物质世界与其说是成功经验的积累，不如说或更正确地说是失败的总和。这当然并不是说成功的经验不起作用或不重要，而是因为：①失败的次数远远超过成功，多次失败是认识过程中常有的事；②在探索未知时，无数次碰壁后摸出突破点，找到方向的主要根据；③反映在认识上失败往往比成功给人的印象要深刻得多。对科学家来说，失败是成功之母，失败成为思考之源。如果说思维来自客观世界也反映客观世界的话，那么科学的发展就是人类思考的结果。在其他条件相同的前提下，越能够思考的人，成功的机会也越大。"成于思、毁于随"，对一件事来说是这样，对一个人说也是这样。

在学术和科研的道路上经常出现"山穷水尽疑无路"的时候，有时虽隐约看到前景，但"欲过黄河冰塞川，将登泰山雪满山"。科学家之所以可贵，就在于他（她）们在这关键时刻能思考能坚持，终于在一次又一次的失败之后找到突破点，打开了缺口。正是许许多多的失败夹杂着少量的暂时的成功的喜悦驱使他（她）们勇往直前。思考与坚持都不是天生的。当然与学校教育，老师的严格要求等有关，但主要还是在长期治学实践中锻炼出来的。世界上有许多人热爱科学，偏爱科学，"曾经沧海难为水，除却巫山不是云"，为自己的专业奋斗一生，奉献一切，就因为他（她）们从思考中得到乐趣，从失败中悟出生机。

廣東釘螺螄的形態和生態之初步研究

徐 秉 錕*

導 言

根據 Faust 與 Meleney 二氏[4] 的報告,他們於1925年在廣東佛山附近,盛澤塘的小河裏找到被鑑定為 Katayama nosophora（本種後經 Bartsch 氏改名為 Katayama cantoni 1925）的釘螺螄,而且經過檢查說是沒有被日本血吸蟲的幼蟲所感染。這可能是廣東省境內第一次釘螺螄的報告**。1937年陳心陶氏[3] 在曲江探到釘螺螄但當時並沒有作出報告。1938年甘懷傑氏[6] 又在本省北江流域的仁化與曲江找到釘螺螄。還以後再也沒有見到關於廣東省釘螺螄報告的文獻。直到1950年十月由於一個很廣大的釘螺螄繁殖區的發現[3],加上各種試驗的證明結合病人的調查,確定了日本血吸蟲病早已是廣東省的嚴重地方病。從那時起,人民政府作了各種佈置,包括設立一個專門機構進行防治研究工作。

防治日本血吸蟲病的一個重要環節就是本病中間宿主釘螺螄的控制與消滅。要控制以至於消滅釘螺螄首先就必須了解釘螺螄的生活習性,生活史以及決定釘螺螄活動等的環境因素。廣東是我國最南方的省份,它的氣候和其他省份有一定程度上的不同;因此本省釘螺螄在某些方面也可能和別的地區不同。

作者在1951年參加本所工作時就開始注意釘螺螄的形態與生態問題。這方面的研究在廣東來說雖然還是第一次,但由於過去在日本、菲律賓和我國已有許多科學工作者做過許多有價值的工作,很有可以參考比較的地方。

廣東釘螺螄的形態

由於本省全面性的釘螺螄調查工作還沒有完成,本文所描述的釘螺螄只包括繁殖在北江流域,特別是三水、四會兩縣交界處的六泊草塘和三水、四會與清遠三縣交界處的迴口草塘,並上述兩草塘之間的一些地區,以及曲江附近的樟樹潭、馬壩和龍崗等地區的釘螺螄。就現有的材料看,繁殖在這些地區的釘螺螄只有一種,早經鑑定為 Oncomelania hupensis[5]。這與 Faust 與 Meleney 二氏[4] 在佛山附近發現的釘螺螄 O. nosophora 是兩種。

O. hupensis 在廣東的繁殖區域,就目前調查的範圍是從北江流域的北端至南端的狹長地帶。就氣候和地理環境說,這樣一個從北到南的地帶也很有不同。北江流域的北端是山區,有高山峻嶺,氣候較冷,南端是平原區,靠近珠江三角洲,屬亞熱帶氣候。就外殼的形態說,繁殖在北江流域南端的六泊草塘與迴口草塘一帶的釘螺螄與繁殖在北江流域北端的曲江附近龍崗一帶的釘螺螄有一定程度上的不同。

1. 螺殼形態

六泊草塘的釘螺螄——螺殼的顏色從暗灰至淡黃;殼厚;長6.8—9.5毫米,平均7.68毫米;寬5.0—5.9毫米,平均5.37毫米;長與寬之比為2.28（100個完整釘螺螄統計的結果）。螺殼是6—8旋,以7旋為最常見（佔81.7%）;核旋為灰白,淡黃,淡紅或琥珀色,但大多數為淡黃與淡紅色（佔78.4%）（500個釘螺螄統計的結果）。螺殼上的直棱從同一草塘的不同部份採集的也有粗細高低之別,但一般都很明顯,粗且高。計算500個釘螺螄最後一旋的直棱數目為13—24,其中以15—18為最常見,佔68%,14、19與20次之,佔21.7%。

龍崗和馬壩一帶的釘螺螄——本區釘螺螄繁殖在水稻田的灌溉渠裏,和六泊草塘的情況有很大的

---

* 廣東省血吸蟲病防治研究所,華南醫學院寄生蟲學科。

** 1950年與1951年作者曾先後兩次到佛山盛澤鄉調查但都沒有發現釘螺螄,同時本所其他同志又作了兩次調查,也沒有所獲。

差別。可能因爲各滋波渠的情況不同，本區釘螺螄的螺殼變化更大。但人槪有兩類：

第一類螺殼的顏色從棕黑色至琥珀色，其中大部份爲琥珀色（佔94%）；螺殼薄。螺殼長6.6—7.5毫米，寬2.5—3.2毫米，平均7.06毫米×2.78毫米；長與寬之比爲2.5十。螺殼有6—8旋，以7旋最常見（佔54.5%）；核旋爲淡紅色與琥珀色，但後者佔76.4%。釘螺螄的直樣 在同一地區探集的，固然也有粗細高低的不同，但一般都比六泊草塘釘螺螄的直樣要細得多低得多，而且第一，二旋與最後旋的直樣多比北餘各旋更不明顯；還有部份釘螺螄的末幾個旋是光滑的，其中只有一些生長綫與 O. nosophora 的外殼一樣。統計125個最後旋的直樣或生長綫的數目爲8—23，其中以 8—18 爲最常見，佔 94.5%。

第二類螺殼和其核旋的顏色與六泊草塘的釘螺螄相似，但直樣的粗細高低似介於六泊草塘的釘螺螄與本區第一類螺殼之間。螺殼較厚，長6.2—8.0毫米，寬2.6—3.5毫米，平均6.85毫米×2.92毫米；長與寬之比爲 2.5十。螺殼有6—8旋，其中以7旋爲最常見，佔85%；最後旋直樣的數目爲16—30，其中以18—25爲最常見，佔89%。此外偶然也有螺塔特別高或特別矮的釘螺螄，前者可以有9—9十旋，後者可以少至四旋。

2. 釁

詳細比較本省各地區的釘螺螄的釁，不能發現任何明顯的有意義的不同。雖然釁上的蝸渦有的較爲明顯，有的較不明顯，但遣只能是個別間的差異，不能認爲有特別意義。釁呈橢圓形，黃色，透明而薄。就釁的全部而言，各部份又有厚薄的不同，外緣最薄，近紋核中心則較厚。紋核偏於一邊，它的對方的邊綫有波浪缺。釁紋從紋核發出，伸向邊綠略呈放射狀。此外還有生長紋，就大體上說與 Annandale 氏[4] 所描述的相同。

3. 假眉

根據 Abbott 氏[1]的意見，Oncomelania 屬的螺螄最突出的特徵是在釁的上方各有一條假眉；遣假眉是由許多黃色小粒組成的，而且 O. hupensis 與 O. nosophora 的假眉都是淡黃色的，色粒細，在假眉的排列上都有一單獨部份位於眼的前方。作者詳細比較了許多釘螺螄的假眉，包括生長在同一地區的釘螺螄和不同地區的釘螺螄，總的印象和 Abbott 氏所描述的相同，但不同地區的釘螺螄也可以有一些不同，如龍崗的釘螺螄的假眉在眼前後兩部份的黃色粒就較稀少，色粒也較小。至於個體間的差別常然也有，但很難指出共同的異點來。龍崗與六泊草塘的釘螺螄在假眉的構造上遣一點小差別，依作者看來並沒有甚麼特別意義。

4. 陰莖

根據 Abbott 氏[1]的觀察，O. hupensis雄螺陰莖的前端呈玫瑰色，後部有稀少的灰點；而 O. nosophora 雄螺陰莖的前端呈極淡的紅色，後部有密集的灰點。本文所述各地區，包括龍崗、馬驪、樟樹潭、迴口草塘與六泊草塘釘螺螄的陰莖的顏色符合 Abbott 氏關於 O. hupensis 的描述，並未發現區域性的差異。

5. 磨帶(Radula)

選擇新鮮活潑的釘螺螄在水中壓破外殼，取出螺體放置於小玻皿內，在解音顯微鏡下，用小號昆蟲針製成的解剖針，小心分出磨帶。選擇完整無損並不附有肌肉的磨帶放置於載玻片上加滑水一滴，蓋上蓋玻片即可觀察。下面的描述和測量是以新鮮的標本爲根據。遣些標本都是從六泊草塘探得。成螺的長度爲 6.7—8.4 毫米，平均 7.2 毫米；幼螺長度爲 4.8—6.8 毫米，平均 5.7 毫米。觀察成螺磨帶 167 條和幼螺磨帶 43 條的結果如下：

成螺磨帶的大小爲 0.97—1.27 毫米×0.15—0.18 毫米，平均 1.17 毫米×0.16 毫米；167條磨帶中有 155 條 長度在 1.05—1.20 毫米之間，佔全數80.8%，有 155 條寬度爲 0.15 毫米。

幼螺磨帶的測量結果如下：幼螺長度在5.5毫米以上的，其磨帶的長與寬接近成螺的磨帶，但幼螺長度在5毫米以下的，其磨帶較成螺磨帶遠小，其中幼螺長度在4.8—5.0毫米之間的，磨帶爲0.83—1.00 毫米×0.12-0.15 毫米，平均 0.93 毫米×0.125 毫米。

磨帶位於口部的後方，是一條帶狀的膜上附有許多小齒的構造，小齒共排成七個縱列，正中一列爲脊齒，兩側依照順序爲側齒，內緣齒與外緣齒。位於磨帶前部的小齒都很明顯，但至後端約12至14分之一以後的小齒，則漸不明顯，至最後部分幾乎無法觀察。

成螺脊齒的總數爲64—92個，偶然也有多至98個的，平均77.4個；167個成螺中，159個的脊齒總數在 65—85 個之間，佔 95.2%。成螺磨帶中，不明顯的脊齒數爲2—13個，平均5.2個，167個成螺中，161個的不明顯脊齒數在 2—9 個之間，以4—6 個爲最常見，佔 66.4%，5 與 7 個次之，佔 20.3%，2 與 8 個又次之，佔 11.9%。長度在 4.8—6.8 毫米之間的幼螺磨帶的脊齒總數爲 66—85個，其中在 67—83 個之間的佔 92.1%。不明顯脊齒數爲 3—10 個以 4—6 個爲最常見，佔 64.6%。各列小齒含有的鋸齒 (denticles) 數目很固定，167條成螺磨帶與45條幼螺磨帶中沒有發現數目上的差異。這就是說不但同一磨帶中，每一個同列小齒含有的鋸齒數很固定，就是個體與個體之間也是固定的。根據我們觀察的結果，齒式 (denticulation formula) 爲 $\frac{5(2-1-2)}{5+3}$ （脊齒），7（側齒），9（內緣齒）與 6（外緣齒）。

由於上述的觀察說明幼螺的長度在 4.8 毫米以上，除長度在4.8—5.0毫米之間的幼螺，其磨帶略較成螺略小外，脊齒的數目和齒式都沒有不同；所以幼螺至長度達 4.8 毫米以上時，其磨帶的構造就已經固定了。

作者在完成了六泊草塘釘螺螄的磨帶觀察之後，又作本省其他地區，包括馬壩與龍崗的釘螺螄磨帶的觀察，並比較了從江蘇浙江採集的同種釘螺螄的磨帶，結果沒有發現構造上、齒式上或排列上的差異。

6.　討論

1881 年 Gredler 氏[5]發表了從中國採集的釘螺螄定名爲 O. hupensis 之後到現在爲止，在中國各地先後報告並經定名的種類不下十餘種之多。這一段時間裏，Annandale 氏[4]與 Bartsch 氏[5]曾把當時已經發表的種類作過系統的整理。至 1948年Abbott氏[1]發表文章認爲中國大陸上的釘螺螄只有兩種和一亞種同屬於 Oncomelania 屬，即 O. hupensis 分佈於長江流域，O. nosophora 分佈在山區地帶長江以南三分之二的地區，西部從四川至雲南，東部從江蘇至廣東，與 O. nosophora slateri 分佈在成都附近。就目前已有的材料說，在廣東這一區域裏，從城北的曲江附近的龍崗與樟樹潭至六泊草塘的南端，繁殖的都是 O. hupensis。但在曲江附近的龍崗一帶我們找到一些外殼略有不同的釘螺螄。這種不同包括下列幾點：（一）螺殼薄，呈琥珀色，（二）螺殼的長與闊之比較大，（三）直樣不明顯，第一，二旋與最後一旋或某幾個旋常只有一些生長綫。此外偶然還有多至 9 上旋的高塔螺和少至 4 旋的矮塔螺。但經過詳細的比較各方面的形態之後，只能認爲是 O. hupensis 由於環境的不同所引起的結果。所以到目前爲止，繁殖在廣東的釘螺螄只有 O. hupensis 一種。至於 1925 年 Faust 與 Meleney 二氏[4]在佛山找到的 O. nosophora 卻至今沒有直接發現。

不論是 Annandale 氏[4]或 Abbott 氏[1]都認爲螺殼外面直樣之有無是區別 O. hupensis 與 O. nosophora 最重要的特徵。在廣東採集的釘螺螄，直樣的高低粗細的差別很大，在同一很小的地區內也可以有相當明顯的不同，例如同屬六泊草塘，在黎柳崗採集的釘螺螄常較大，直樣較粗較明顯，而正崗採集的常較小，直樣也較細較低。一般來說，在泥土含有腐爛植物質較多的地方，如六泊草塘的接近中央地區，找到的釘螺螄常較大，直樣較粗較高，反之，在泥土貧瘠地區的釘螺螄常較小，直樣較細較低。初步的印象認爲直樣的粗細高低似與食物的豐富與否有關。

在龍崗一帶採集的釘螺螄有許多是最初二三旋與最後一旋或某幾個旋，僅有一些生長綫與 O. nosophora 殼上的情況相同，而其餘各旋也只有一些不甚明顯，細而低的直樣。常常在同一地區也可以找到一些直樣相當明顯的釘螺螄。很明白，在廣東北江流域繁殖的釘螺螄螺殼的變化是很大的。在這一塊不大的區域裏，我們可以找到螺殼極爲粗糙（直樣很高很粗）而厚，和螺殼薄，直樣極細極弱，其中若干旋又是光滑的，以及兩者之間的各種不同程度的變化的螺殼，如果再加上繁殖在我國其他地區的完全光滑的釘螺螄，我們就可以找到從完全光滑到極端粗糙的一系列漸變過程的代表螺殼，因此我們也就很難在這中間劃出兩種間的界綫，也就是說根據螺殼直樣的有無來鑑別種，是有問題的。遠在 1930 年陳方之，李賦京二氏[8,17]就已經提到這一點。又根據 Abbott 氏[1]的意見，O. hupensis 與 O. nosophora 兩種釘螺螄的鑑別除了螺殼的特徵外，其次就是陰莖的顏色了。作者雖然沒有研究過完全光滑的釘螺蟲的陰紋，不能肯定是否兩種之間眞有不同，但如果連這一點也可以證明是不可靠的，那麼 O. nosophora 是否可以獨立成爲一種碖是疑問。

Annandale 氏與 Bartsch氏都以脣帶的齒式作爲 Oncomelania 屬種的分類根據。Abbott 氏也提到脣帶在分類上的重要性，但認爲可以有小齒的形狀與構造的差異而且在描述 O. hupensis 與 O. nosophora 之區別時也沒有用齒式。吳光氏 [16] 及吳光，許邦憲二氏 [21] 則以爲脣帶的齒數有時偃不一致，在分類上是否可靠，頗有問題。毛守白與李陵二氏 [9] 認爲脣帶上齒數的多寡並無一定公式，與釘螺蟲的外形也沒有一定關係。但我們詳細比較觀察了許多從六泊草塘、遅口草塘、馬邁、罷崗等地區探集的釘螺蟲的脣帶，以及江蘇、浙江產的同種釘螺蟲的脣帶之後發現，不但齒式是固定的，而且脣齒的總數也在一定範圍之內。這種結果必須是觀察者熟識了用怎樣一種光線強度，並習慣用高低倍鏡與油鏡比較觀察之後，才能獲得。在觀察的過程中，我們也曾遇到一些初看起來似乎是特異的小齒，但經過詳細觀察之後，才弄明白只是由於小齒位置的變動或其他原因所引起的結果，而實際上沒有甚麼不同。但作者觀察 O. hupensis 的結果和 Annandale氏根據 Heude 氏的圖所得者不同。Annandale 氏以爲 O. hupensis 的齒式是 $\dfrac{5(1 \cdot 1 \cdot 1)}{2+2}$，4，5 或 6 及 4或5，而本文的結果爲 $\dfrac{5(2-1-2)}{3+5}$，7，9，與 6；其中脣齒的齒式反與 Annandale 氏描述的 O. nosophora 的相同。

這樣看起來，各種釘螺蟲的脣帶是否有一定的齒式，以及脣帶的構造在分類上有無意義，還必須再作進一步的研究。但如果研究的結果是 O. hupensis 與 O. nosophora 的脣帶齒式是一樣的，或且不能發現明顯而固定的異點，那麼陳方之與李賦京二氏及李賦京氏的意見，即「釘螺外形雖變化繁多，然均宜以同種視之」有重新考慮的必要。

廣東釘螺蟲的生態

1. 生活環境與習性

在廣東已經發現的最大的釘螺蟲繁殖區，是一片面積達48平方公里的低地，稱爲六泊草塘，其次就是面積約五平方公里的遅口草塘。六泊草塘的南端夾於北江與綏江之間，由於草塘的地勢低，當春水上漲時，兩江的水湧進草塘，使其變成一片汪洋，就這樣維持五、六月之久（三月至七、八月）。以後水位漸降，草塘四周與塘內的較高地帶逐漸露出水面，至八月以後草塘漸變乾涸，最後僅有少數地勢最低的部分和從北到南，緩流於草塘間的小河流有水。這一片土地由於長期被水淹，不能耕種，因之變爲長滿雜草的荒地，這就是爲甚麼稱爲草塘的緣故。就在這樣的地區，繁殖著數不淸的釘螺蟲，草塘乾涸時，到處可見釘螺蟲。此外在草塘的邊緣的若干稻田裏，也可以找到釘螺蟲，還可能是因爲水漲時，這些田被淹沒，因之部分釘螺蟲被帶入，或自己移到稻田裏。這樣的地理情況顯然和國內其他地區不同，因此生活在本區域的釘螺蟲是有某種程度的特殊適應性。這表現在春水上漲，草塘本身成爲一片汪洋的五、六個月的長時間裏，絕大部分的釘螺蟲是生活在水底。固然在春水剛上漲時，在水的邊緣，釘螺蟲的密度較大，這是因爲附近的釘螺蟲想脫離水中，向水緣移動的結果，但當水位超過平時釘螺蟲的生活地區範圍之外時，水的邊緣陸地上就找不到釘螺蟲了。很顯然，這時所有的釘螺蟲都在水底。此外還有兩個事實可以證明這一點：（1）當漁民從草塘的水底取出隔夜放置的漁網時，可以在網底找到大批的釘螺蟲；（2）草塘東西長達八公里，南北 12 公里，而釘螺蟲活動範圍小（根據 Sugiura 氏 [12] 與甘懷傑氏 [8] 的觀察，釘螺蟲全年移動的範圍不超過六米），行動遲緩，當春水暴漲，草塘成爲一片汪洋之時，至少原先生活在草塘中央的釘螺蟲似絕沒有可能在水退之前脫離水中。這樣在水退陸地出現之後還是留在原來地方附近的淤土上，而且繼續生活在原來地點的附近，一直到下一年春水的到來。所以總的來說，六泊草塘實在是很理想的釘螺蟲繁殖場所。一方面土壤肥沃，腐爛的植物質豐富，充足地供給了釘螺蟲的食料；另一方面雜草叢生，造成了普遍的陰遮地區，使絕大部分的地面在水退之後，還保持長期的潮濕，有利於釘螺蟲的活動。當然也有一部分的地區，特別是草塘的邊緣地帶，在水退之後，很快地從潮濕陸爲乾涸，迺至於乾裂。當泥土從潮濕變爲乾涸，那裏的釘螺蟲也隨著停止了活動，它們把整

一九五五年 第二號

個身藏和蜷縮入殼內，並且分泌一些黏液封住殼的周圍，以避免乾燥。只有讓雨水或其他因素把泥土變潮濕之後，釘螺螄才又開始活動。因此雖然同是生活在六泊草塘的釘螺螄，但情況却不是一樣的，也就是說，釘螺螄每年活動的時間的長短，大部分決定於所在地的泥土保持潮濕的時間。很明顯，在這樣的環境裏，釘螺螄完全由環境支配，它本身爲了生存只能作某種程度的適應。作者長期觀察了在人爲環境培養的和自然環境生活的釘螺螄得到以下的結論：釘螺螄，至少生活在六泊草塘的釘螺螄，雖然可以水陸兩棲，但除了產卵時期以及極幼的螺螄需要水生之外，平時只喜歡食物豐富的、潮濕的、有陰遮的地面，但環境不許可時也可以適應於長期的水底生活。至於繁殖在曲江附近的馬頭和龍崗的釘螺螄，情況和六泊草塘與迴口草塘不同。在這些地區，釘螺螄是生活在水流緩慢、岸旁多草、土壤肥沃的稻田間的小河小溝裏。和我國其他地區一樣，當河溝裏有水時，它們就喜留在兩岸的潮濕的泥土上。

2. 食物

根據作者在六泊草塘長期的觀察，結合人工培養釘螺螄的結果，認爲六泊草塘的釘螺螄最喜愛的食物是腐爛的水王孫，其次是新鮮的水王孫和其他腐爛的草類。水王孫又稱黑藻或水藻，學名是 Hydrilla verticillata Royle(Roxb.) 屬於水鼈科 (Hydrocharitaceae) 的一種水生植物。在六泊草塘的中心區域多數是這種植物。當草塘水退枯乾之後的水王孫鋪墊在地面上，成爲一層枯草衣，後來逐漸腐爛，這就是釘螺螄一年中主要的食物。陳祜鑫，謝麟閣二氏 [19] 在岳陽解剖螺骨也發現水藻可能是釘螺螄主要的食物，但沒有說明是那一種水藻。居仲璟氏 [13] 在福建觀察的結果認爲釘螺螄不食綠色水生植物如 Hydrodictyon 或 Spirogyra，但喜食腐爛植物與其他螺類的糞便。許孔憲與吳光二氏 [20] 認爲釘螺螄的食物以腐化的有機物及細菌爲主，故需要肥土。甘懷傑氏 [8] 也發現釘螺螄的食物是腐爛的有機物與糞便。Ward, Travis 與 Rue 三氏 [14] 通過檢查釘螺螄的糞便與胃認爲釘螺螄是饕餮的，食物的範圍包括腐爛的植物，如楓樹葉和橄枝，椰子殼與皮等，甚至於泥砂，但不食苔蘚植物。作者以爲釘螺螄雖然因環境的不同，吃的東西可以是各種各樣

的，但釘螺螄之能夠正常地繁殖與生長必須依靠某一些食物，而且必須達到一定的量，也就是足夠的量。我們在培養釘螺螄的過程中也證明了這一點。此外如上文所述，食物的豐富與否，不但決定釘螺螄的大小，也影響螺殼直稜的高低與粗細。

作者認爲決定一個地區是否可以繁殖釘螺螄，第一個條件是釘螺頼以生存的食物，其次是陰遮而潮濕的地區即雜草叢生的地區，最後是幼螺獲得水生的機會。

3. 生活史

廣東釘螺螄在一年中各月都有發現交配，其中以二至七月爲最常見，八至十一月次之，十二月至一月又次之。

產卵時期從一月底二月初開始至四月底五月初，但也可以延緩至七、八月，偶然也有在十、十一月產卵的。每年當春水上漲，草塘兩被水淹時（二月底三月初），第一批釘螺螄孵化，這樣一直延緩至五月中旬，偶然也有在八月或遲至十、十一月孵化的。因此三月以後在水中發現的幼螺，大小的差別愈來愈大，到四月底，水中可以找到各種大小的幼螺，包括剛孵化不久的單旋幼螺至長達 6.2 毫米的幼螺。

許多釘螺螄在春水未來之前，在春天的第一次或最初幾次的雨下過之後，在草塘的潮濕的泥土上，石片下，草根附近，以及其他東西的表面生了卵。在春水上漲之後，水邊附近或水裏又有許多新生的螺卵出現。廣東所見的釘螺螄卵和其他地區一樣是單個的，外面常附有一些很細的砂粒或泥土。幼螺孵化後生活在水中，這時常見無數的幼螺密集在水面下一、二吋處。幼螺的生長頗速，從孵化至成螺，共需 2—2½ 月的時間。根據試驗室的人工培養結合六泊草塘的實地觀察與測量得幼螺每足期體長增加結果如下（平均數）：

第一星期：孵　　出→1.2 毫米

第二星期：1.2 毫米→2.55 毫米

第三星期：2.55 毫米→3.2 毫米

第四星期：3.2 毫米→3.69 毫米

第五星期：3.69 毫米→4.46 毫米

第六星期：4.46 毫米→5.23 毫米

第七星期：5.23 毫米→5.93 毫米

第八星期：5.93 毫米→6.63 毫米

第九星期: 6.65 毫米→7.22 毫米(成螺)

由上表可知幼螺每星期生長速率並不一致，從0.49—0.77毫米，平均每星期體長增加0.67毫米。

幼螺孵化之後的最初三個星期完全過水中生活，許多幼螺密集在水的邊緣隨水位升降。第三星期以後逐漸可以在陸上生活，至第六星期以後，則完全與成螺一樣脫離水中，喜歡居留在潮濕的地面，雖然這時草塘還是在水浸中。

在正常的情況下，幼螺在孵化後約二十月的時間就已經成熟開始交配。所以一年中第一批開始交配的新成螺約在五月中旬。通常新長成的成螺要到第二年二月產卵，但偶然也有在同年七、八月，甚至十月與十一月產卵的，這些卵多數要到第二年春水上漲時才孵化。但作者也見過一次在八月間，一次在十一月孵化的情況。釘螺卵產卵過冬到第二年孵化的事實是在一次偶然的撥合發現的。那是兩個培養過釘螺的玻璃缸，在十月間因為需要把全部釘螺移出，到第二年三月忽然解出大批幼螺。這種事實引起作者的注意作了進一步的觀察，後來在六泊草塘裏也發現過同樣的情況。

4. 一年中活動情況

六泊草塘的釘螺從一月底二月初起就開始活躍。這時尾蚴游出率已經很高，數目也很大。到三月底四月初釘螺的活動，尾蚴的游出率與數目都開始達到高峯，此後一直維持到七、八月，到十月以後似乎逐漸減少，但到十二月與次年的一月還經常有一定數目的尾蚴游出。從十一月中旬起，在試驗室的觀察，顯示釘螺有厭水的傾向。這表現在，把釘螺放在水中，不是立刻想爬出水外，就是不把身體伸出外外，行動也比較緩慢了。這時候在六泊草塘裏的情形是一部分的釘螺仍然在潮濕的地面上活動，另一部分的釘螺卻是在草叢的根部和泥裂中找到，它們把身體縮入死內，不食不動似乎在作過冬的準備。就廣東的氣候說，從每年的十一月起溫度逐漸下降，十二月至次年的二月是比較寒冷的時期。根據廣州的溫度記錄，1951年12月，1952年一月與二月的平均溫度分別為16.6℃，15.1℃與15.2℃。在這一段的時間裏只有在每一次寒流到達的幾天才真是比較寒冷，其餘的日子還是暖和的。但即使在最寒冷的時期，六泊草塘內少

數的釘螺仍然在活動着，也就是說，這樣一種寒冷的程度還不能使釘螺完全失去活動力。陳祜鑫與謝麟閣二氏[10]也說「氣溫在攝氏5度以上，釘螺仍然在溫泥土上爬行了。固然每年的八月起，當六泊草塘水退，大部分地區逐漸由潮濕變為乾涸甚至於龜裂之後，草塘裏的釘螺就已經存在兩種不同的情況。一種地面還是潮濕的或積水的地區，所有的釘螺都是在活動着。另一種的情況是留在乾地面上的釘螺，已經把螺殼封閉不食不動，但每逢下雨泥土變為潮濕之後，釘螺又開始活動了。很顯然，後一種情況完全由於周圍的環境由潮濕變為乾燥，釘螺被迫停止活動的緣故，與所謂冬眠現象無關。可是在十一月中旬以後，許多釘螺就漸漸向草叢的根部和裂隙集中，留在潮濕的和積水部分的釘螺的數目大大的減少了。到十二月以後僅有少數的釘螺在潮濕的和積水的地區活動，大多數的釘螺是在草叢根部和泥裂中，不食不動像冬眠一樣，特別在寒流到達，溫度降至攝氏十度以下的日子裏，這種現象（冬眠的傾向）更加明顯。這時候，就是下一場雨使草叢的根部、泥裂和地面變為很潮濕，多數的釘螺仍然保持不食不動，只有很少數的釘螺，特別是身體被水淹的情況，才開始爬行，但當這種釘螺脫離水中後，仍然是不食不動。所以這時候，釘螺之向草根和泥裂集中，以及表現了厭水的傾向，和我國其他地區釘螺的冬眠現象相似。釘螺的冬眠現象常常是對外界環境特別是氣候的一種適應，但久而久之就成為一種定期性的必然現象。但在廣東特別是廣東中部以南的地區來說，釘螺的冬眠傾向與其說是對冬季嚴寒的一種適應，不如說是定期性的生理現象。理由是這地區冬季的溫度和我國其他地區比較來說沒有達到使釘螺必需冬眠的嚴冷程度。在另一方面，六泊草塘的釘螺到了一月底二月初，冬眠期就已經過去，開始活躍了，而這時候的溫度往往比十二月開始冬眠時還要冷。這一切都表示在廣東釘螺的冬眠現象與溫度的關係不大。在室外的培養池裏，作者利用每日的定時灌水放水並供給豐富食料的辦法，成功地避免了釘螺的冬眠現象，也就是說，在那樣的人為環境裏，雖然每日溫度的情況和自然環境一樣，但生活在裏面的釘螺，全年都在活動，雖然到十一月中旬以後，釘螺的行動比較

殺慢了一些。作者認爲廣東六泊草塘的釘螺螄到十一月中旬以後，固然有冬眠的傾向，但似沒有眞正的冬眠，而且這種傾向只是一種固定了的定期性的生理現象，就溫度的條件說似乎不是必需的，也是可以避免的。

5.　討論

許多科學家似乎都認爲釘螺螄不可以在一個相當長的時期生活在水底。 Faust 與 Meleney 二氏在蘇州觀察結果認爲深水中的水草與河底沒有釘螺螄。Abbott 氏也認爲釘螺螄不能在河底找到。唐仲璋氏的試驗結果發現釘螺螄只能短時間生活在水中，如超過數小時則溺死。陳祜鑫，謝麟閣二氏在湖南岳陽的調查報告裏，雖然說「六至十月湖水水位最高，老幼釘螺螄均被淹沒水底」，但「於天晴無風時」卻「爬在牛沒於湖水中的湖草莖上」，似不一定是長期沒在水底。但根據在六泊草塘觀察的結果，釘螺螄似乎可以完全不到水面而在水底生活五、六月之久。作者認爲釘螺螄確是喜歡生活在湖邊的食物豐富的陸地上，所以如果情況許可，也就是說釘螺螄本身的能力可以脫離水中時，則釘螺螄必然生活在陸上，因此一些小河流和水位變化不大或緩慢的湖沼區域，釘螺螄多不在水底生活，這就是爲甚麼許多科學家都說釘螺螄不在水底找到。但如果環境不許可，像六泊草塘的情況，釘螺螄也可以有某種程度的適應，繼續生存下去，而且久而久之，這種適應也就成爲自然的。

廣東是我國最南方的省份，屬亞熱帶氣候。由於氣候的關係，本省釘螺螄的生活史，包括交配、產卵和成熟等的時間都和其他地區不同。就交配的時間說，Rose 與 葛福臻二氏 [11] 報告浙江杭州的釘螺螄在十月下旬交配，過冬之後至第二年春天再交配。屈薩傑氏 [16] 報告浙江釘螺螄一年交配兩次即四月中與五月中。在福建唐仲璋氏報告釘螺螄的交配最早在二月。廿懷傑氏報告釘螺螄的交配時間從三月初至四月中旬，還有一些從八月至十二月。湖南岳陽的報告 [18]：釘螺螄在十一月初湖水下降時開始交配一直至十二月中旬，以後過冬，至次年二月中至三月底又交配。在廣東根據六泊草塘的觀察，釘螺螄在一年中每月份包括冬季在內都有交配，雖然有些季節是較少發現的。

廣東釘螺螄的產卵時期較任何國內地區爲早，

普通從一月底二月初至五月初，偶然也有在七、八月或甚至十、十一月產卵的。但我國其他地區的釘螺螄根據現有的資料最早也要到四月產卵，如屈薩傑氏報告浙江的釘螺螄每年繁殖兩次，即五月與九、十月。唐仲璋氏報告福建釘螺螄的幼螺的出現從四月底五月初開始。廿懷傑氏報告釘螺螄卵的最早出現在四月末，五月中最多，六月以後則不再發現。這樣六泊草塘釘螺螄的產卵時期要比我國其他地區提早的兩個月。以上的事實似乎說明釘螺螄的產卵時間與氣候有關，愈近熱帶間釘螺螄的產卵期愈早愈長。至於釘螺螄每年繁殖的次數一般很難說，根據六泊草塘的情況，除了二至五月這一時間的產卵外，可以也有例外，作者相信我國其他地區也可能有同樣的情況。

六泊草塘的釘螺螄在孵出之後九個足期左右就已經成熟，每星期殼長增加的 0.67 毫米。但據我國其他地區的報告有謂 140—150 天的 [7,18]，只有廿懷傑氏的報告和本區的結果相近即兩個半月。所以廣東的釘螺螄一般較我國其他地區發育與生長得快。至於幼螺在水中生活的時期，在六泊草塘的30天也比福建的 40—50 天短 [18]。

就釘螺螄的活動以及尾蚴游出率與季節的關係說也和國內其他地區不同。本區的釘螺螄全年都可以活動，但到十一月中旬以後，釘螺螄漸有冬眠的傾向，到十二月冬眠傾向更加明顯。從一月底二月初起釘螺螄又開始活動，這時尾蚴的游出率與數目已經很高，至三月以後就已經達到高峯，但在我國其他地區，一、二月的氣候還是很冷，釘螺螄還在冬眠時期，尾蚴的游出率與數目到七、八與九月才達到高峯 [10]。又據湖南岳陽的報告，那裏的釘螺螄冬眠期是每年的十二月底至次年的二月中旬，比六泊草塘還遲一個月左右。

六泊草塘的釘螺螄雖然也有類似冬眠的情況，但還沒有發現入土過冬的現象。這一點和Abbott 氏以及其他觀察者所見相同，但 Annandale 氏與屈薩傑氏卻認爲釘螺螄在寒冷時可以入土過冬。

通過六泊草塘釘螺螄的生態研究，作者認爲釘螺螄所以能夠在那裏繁殖，主要是因爲草塘本身具備了下述的三個條件：（一）食物豐富——六泊草塘內入塘的水生孫經過腐爛之後成爲釘螺的食物；（二）雜草叢生造成一片陰蔽的適於釘螺螄生活的環境；（三）定期性的水漲水落使釘螺獲得卵的孵化和幼螺在水中生長的機會。基於此，我們就可以明白，要通過改變六泊草塘的環境的方法來控制以至於消滅釘螺的關鍵必定在於：（1）斷絕釘螺的食物的來源——就六泊草塘說，可以通過開墾，把荒地變爲耕地，制止了雜草特別是水生植物，如水王孫的生長。這樣一方面固然控制了釘螺的食物來源，另一方面也根本改變了釘螺的陰溼環境。（2）通過水利的方法改變六泊草塘的地理環境，改變定期水漲水落的情況，使釘螺無法或至少困難獲得卵的孵化和幼螺的水生條件。因此作者認爲就六泊草塘的其體環境條件來看，是完全可能通過改變環境的方法來控制以至於消滅釘螺，進而徹底肅清那地區的日本血吸蟲病。

結 論

1. 從廣東省北江流域南端的六泊草塘與迳口草塘，和北江流域北端的馬壩、龍崗、樟樹源等各釘螺繁殖區採集的釘螺作詳細的形態比較研究，包括螺殼的構造、齒帶、假眉和鰓，結果認爲：（一）同一地區及地區與地區之間的釘螺的螺殼雖然有不同程度的變化，但只有一種即 Oncomelania hupensis；（二）齒帶的構造和齒式不論是同一地區或不同地區，都是固定的，其齒式爲 $\frac{5(2-1-2)}{5+3}$ 7, 9 及 6；（三）假眉與鰓不能發現有意義的區域性的差異。本文又根據形態的比較研究討論了我國大陸上釘螺分類上的問題。

2. 通過釘螺的人工培養和長期的自然環境的觀察，描述六泊草塘釘螺的生活環境、條件和習性，並指出通過改變六泊草塘的環境方法來控制以至於消滅那裏的釘螺是有可能。

3. 六泊草塘釘螺最歡喜的食物是嫩爛的水生植物如水王孫（Hydrilla verticillata Royle）。

4. 廣東釘螺一年中各月都有交配，但以2—7月爲最常見。產卵時期從一月底二月初開始至四月底五月初，但也可以延續至七、八月，偶然也有在十、十一月產卵的。

5. 幼螺平均每星期增加體長 0.67 毫米，從孵化至成熟約需二個月半的時間。

6. 釘螺卵的孵化時間，視具體條件而異，通常爲產卵後後兩三星期，但也發現過冬至第二年春天孵化的情況。

7. 六泊草塘的釘螺從一月底二月初開始活躍，到三月底四月初，釘螺的活動，尾蚴的游出率與數目都開始達到高峯，十月以後雖然逐漸減少，但就十二月與次年的一月還有一定數目的尾蚴游田。從十一月中旬起，釘螺表現了多眠的傾向，但又似乎沒有眞正冬眠，到次年的一月底二月初這種傾向就已經過去了。

參考文獻

1. Abbott, R. T.: Handbook of medically important mollusks of the orient and the western Pacific. *Bull. Museum Comparative Zoology, Harvard College, Cambridge, Mass.*, 100(3):245-328, 1948.

2. Bartsch, P.: Molluscan intermediate hosts of the asiatic blood fluke, *Schistosoma japonicum*, and species confused with them. *Smithson. Misc. Collect.*, 95(5):1-60, 1936.

3. Chen, H. T. & P. K. Hsu: Schistosomiasis in a newly discovered endemic center, Szehuihsien and adjacent areas, Kwangtung Province. *Lingnan Sci. Jour.*, 23(3):181-199, 1951.

4. Faust, E. C. & H. E. Meleney: Studies on schistosomiasis japonica. *Am. Jour. Hyg., Mong. Ser.* No. 3, 339 1924.

5. Gredler, V.: Zur Conchylien-Fauna von China. *Jahrb. Deutsch. Malakoz. Gres.*, 8:110-132, 1881. （僅見摘要）

6. Kan, H. C.: Bionomics of *Oncomelania fausti* (?), the intermediate host of *Schistosoma japonicum*. *Chinese Med. Jour.*, 67(1):21-23, 1949.

7. Li, F. C.: Anatomie, Entwicklungsgeschichte, Oecologie und Rassenbestimmung von *Oncomelania*, des Zwischenwirtes von *Schistosoma japonicum* (Katsurada 1904) in China. *Trans. Sci. Soc. China*, 8(2):103-145, 1934.

8. Li, F. C.: Beobachtung über die Biologie von *Oncomelania*, des Zwischenwirtes von *Schistosoma japonicum* in China. *Arch. f. Schiff-u. Trop. Hyg.*, 38:519-524, 1934.

9. Mao, C. P. & Li, L.: Snail hosts of *Schistosoma japonicum* in the Soochowwusih area, Kiangsu, China. *Jour. Parasitol.*, 34:380, 1948.

10. Robertson, R. C.: The breeding conditions of *Oncomelania hupensis* (Rossoidae:

一九五五年 第二號   · 125 ·

Triculinae). *Lingnan Sc. Jour.*, 15:55-56, 1936.

11. Rose, G. & T. M. Koh: Beobachtungen ueber die Fortpflanzung und die Libensweise der Zivischenwirt-schnecke (*Oncomelania hupensis*) von *Schistosoma japonicum* unter laborator-iumsbedingungen. *Trans. 9th Congress, F. E. A. T. M.*, Nanking, 1:525-534, 1934.

12. Sugiura, S.: Studies on the biology of *Oncomelania nosophora* (Robson), an intermediate host of *Schistosoma japonicum*. *Mitt. Path. Inst. Med. Fak. Nägata*, No. 31:1, 1933.

13. Tang, C. C.: Further investigations on schistosomiasis japonica in Futsing, Fukien Province. *Chinese Med. Jour.*, 56:462-473, 1939.

14. Ward, P. A., D. Travis & R. E. Rue: Methods of establishing and maintaining

snails in the laboratory. *Nat. Inst. Health Bull.* No 189, Studies on schistosomiasis, P. 70-80, 1947.

15. Watt, J. Y. C.: Study on the bionomics of the intermediate host of *Schistosoma japonicum* in Kutang, Chekiang 1934-35. *Chinese Med. Jour. Suppl.* 1, 434-441, 1936.

16. Wu, K.: Schistosomiasis in the Shanghai hills region. *China Jour.*, 28:133, 1938.

17. 陳方之、李賦京: 血蛭病之研究。中央衛生試驗所年報。1930.

18. 陳祜鑫、王志昭、劉慈宗: 岳陽的釘螺是怎樣過冬的。中南醫學雜誌。1(17):627-630, 1951.

19. 陳祜鑫、謝麟圆: 岳陽澄湖地糟魚吸蟲病流行情況。中南醫學雜誌。1(3):214-234, 1951.

20. 許邦憲、吳光: 吾國魚吸蟲病之大概（八）地方病學。中華醫學雜誌。28(5):164-169, 1942.

21. 吳光、許邦憲: 吾國血吸蟲病之大概（五）中間宿主。中華醫學雜誌。28(1):32-38, 1942.

第 10 卷 第 4 期
1958 年 12 月

動 物 學 報
ACTA ZOOLOGICA SINICA

Vol. 10, No. 4
Dec., 1958

中國恙蟲種類及其分佈

陳心陶　　徐秉錕

（中山醫學院寄生蟲學教研組）

關於我國恙蟲種類的記載，最早是 1919—1938 年間幾位日本科學家（Hateri, 1919; Kawamura & Yamaguchi, 1921; Sugimoto, 1936, 1938）在台灣報告了六種。 後來 Millspangh 與 Fuller 二氏（1947）在雲南昆明附近的幾種齧齒動物及一種鳥類的身上找到地里紅恙蟲。 梁柏齡氏（1952）在廣州檢獲地裏紅恙蟲，後來甘懷傑氏等（1953）又報告恙蟲蚴 5 種，除了地裏紅恙蟲外，還有兩種已經定了學名。 從這時候起我們開始收集華南地區和一部分國內其他地區的恙蟲種類，並陸續進行鑑定作出報告（陳心陶、徐秉錕，1955, 1957 等；徐秉錕、陳心陶，1957；陳心陶、徐秉錕、王敦清，1956）。上海徐蔭祺氏等也進行了恙蟲分類的研究，已經發表多篇的報告，並且描述了背展屬（Genus Gahrliepia）的一個新種。 此外有關我國恙蟲種類方面的報告還有滕斌氏（1957）、梁柏齡氏等（1957）和柳忠婉氏（1958）的三篇，以及 Womersley 氏（1957）和 Audy 氏（1957）等有關廣東香港的恙蟲種類材料。爲了整理這些資料，我們重新比較了各種恙蟲蚴的形態。 由於現在手頭的標本數量多一些，在整理過程中我們發覺少數的種類不應該成爲獨立的種，因此本文把這些列爲同物異名。 經過這樣整理的結果，已經描述的我國恙蟲種類總共有 51 種。這裏面有 29 種是我們的材料，其中一部分已經發表，但缺分佈地區和宿主的記錄[*]或記錄不全，還有一部分則尙未發表。此外未作最後鑑定的許多種類則不包括在本文之內。

現把這些資料詳列如下，請同道們補充和指正（本文引用的國內參考文獻主要發表於 1953 年以後出版的動物學報，微生物學報與昆蟲學報。

恙蟲科 Family Trombiculidae Ewing, 1944

六節亞科 Subfamily Leeuwenhoekiinae Womersley, 1944

多齒屬 Genus Acomatacarus Ewing, 1942

1. 巨多齒（恙蟲）Acomatacarus majesticus Chen & Hsü, 1955

模式標本存廣州中山醫學院寄生蟲學教研組。

Acomatacarus majesticus Chen & Hsü, 1955; Hsü & Wen, 1956; Jeu, 1956; Tung, 1957.

Acomatacarus sp. Kan et al., 1952.

Acomatacarus majesticus var. conspicuus Chen & Hsü, 1955.

Acomatacarus romeri Womersley, 1957; Audy, 1957.

採集地點：廣東——廣州、佛山、香港、石歧、海豐、海康、新會；湖北——武昌；廣西

本文於 1958 年 6 月 21 日收到。

[*] 福建王敦清同志供給了部份的資料，謹此致謝。

——桂林；福建——平潭；山東——濟南；江蘇——上海、嘉定、南京。

宿主：褐家鼠、黑家鼠、台鼠、家鼠（若干種——未鑑定）、斯氏家鼠、黃胸鼠、臭鼩鼱、猫、犬、豬、山羊、家兔。

2. 肥巨多齒（恙蟲）*Acomatacarus major* Schluger, 1955

模式標本存放地方未詳。

Acomatacarus major Schluger, 1955; Liu, 1958.

採集地點：北京。

宿主：褐家鼠。

背展亞科 Subfamily Gahrliepiinae Womersley, 1952

背展屬 Genus *Gahrliepia* Oudemans, 1912

華吉亞屬* Subgenus *Walchia* Ewing, 1931

3. 太平洋背展（恙蟲）*Gahrliepia (Walchia) pacifica* Chen & Hsu, 1955

模式標本存廣州中山醫學院寄生蟲學敎研組。

Gahrliepia (Walchia) pacifica Chen & Hsu, 1955.
Walchia sp. Kan et al., 1952;? Tung, 1957.

採集地點：廣東——廣州、海康、海豐、佛山、石歧、海南島；山東——濟南(?)。

宿主：褐家鼠、黑家鼠、黃胸鼠。

4. 中華背展（恙蟲）*Gahrliepia (Walchia) chinensis* Chen & Hsu, 1955

模式標本存廣州中山醫學院寄生蟲學敎研組。

Gahrliepia (Walchia) chinensis Chen & Hsu, 1955.

採集地點：廣東——海豐、海康、廣州、佛山、石歧、海南島；廣西——桂林；雲南——昆明；福建——平潭。

宿主：褐家鼠、黑家鼠、黃胸鼠、台鼠。

5. 中華背展（恙蟲）貧毛變種 *Gahrliepia (Walchia) chinensis* var. *oligosetosa* Chen & Hsu, 1955

模式標本存廣州中山醫學院寄生蟲學敎研組。

Gahrliepia (Walchia) chinensis var. *oligosetosa* Chen & Hsu, 1955.

採集地點：福建——平潭、福州。

宿主：褐家鼠、黑家鼠。

6. 似太平洋背展（恙蟲）*Gahrliepia (Walchia) parapacifica* Chen et al., 1956

模式標本存廣州中山醫學院寄生蟲學敎研組。

Gahrliepia (Walchia) parapacifica Chen et al., 1956.

採集地點：廣東——廣州、海康、新會、海南島的東方與海口；福建——平潭。

宿主：黃胸鼠、台鼠、褐家鼠、豬獾。

7. 葛氏背展（恙蟲）*Gahrliepia (Walchia) koi* Chen & Hsu, 1957

模式標本存廣州中山醫學院寄生蟲學敎研組。

Gahrliepia (Walchia) koi Chen & Hsu, 1957.

---

* 在"中國恙蟲蚴十二種"（陳心陶、徐秉錕，1955）一文作"華亞屬"。

採集地點：雲南——昆明。

宿主：黃胸鼠。

8. 新華背展(恙蟲) *Gahrliepia (Walchia) neosinensis* Hsu & Wen, 1956

模式標本存上海第一醫學院寄生蟲學教研組。

Gahrliepia (Walchia) neosinensis Hsu & Wen, 1956.

採集地點：浙江。

宿主：鼠類(未鑑定)。

9. 脆弱背展(恙蟲) *Gahrliepia (Walchia) fragilis* Schluger, 1955

模式標本存放地方未詳。

Walchia fragilis Schluger, 1955,
Gahrliepia (Walchia) fragilis Liu, 1958.

採集地點：北京。

宿主：褐家鼠、小家鼠。

10. 鄉野背展(恙蟲) *Gahrliepia (Walchia) rustica* Gater, 1932

模式標本存倫敦英國博物館 (British Museum, London).

Gahrliepia rustica Gater, 1932.
Gahrliepia (Walchia) rustica Womersley, 1957; Audy, 1957.

採集地點：廣東——香港。

宿主：家鼠(若干種——未鑑定)，斯氏家鼠、袋狸鼠。

11. 隊靈背展(恙蟲) *Gahrliepia (Walchia) turmalis* Gater, 1932

模式標本存倫敦英國博物館。

Gahrliepia turmalis Gater, 1932.
Gahrliepia (Walchia) turmalis Audy, 1957.

採集地點：廣東——香港。

宿主：？

12. 腹部背展(恙蟲) *Gahrliepia (Walchia) ventralis* Womersley, 1952

模式標本存南澳洲博物館 (South Australian Museum).

Gahrliepia (Walchis) brennani var. *ventralis* Womersley, 1952.
Gahrliepia (Walchia) ventralis Audy, 1957.

採集地點：廣東——香港。

宿主：？

　　　　同棒亞屬 Subgenus *Schongastiella* Hirst, 1915

13. 陸氏背展(恙蟲) *Gahrliepia (Schongastiella) lui* Chen & Hsu, 1955

模式標本存廣州中山醫學院寄生蟲學教研組。

Gahrliepia (Schongastiella) lui Chen & Hsu, 1955.

採集地點：福建——平潭。

宿主：缺記錄。

　　　　革脫亞屬 Subgenus *Gateria* Ewing, 1938

14. 八毛背展(恙蟲) *Gahrliepia (Gateria) octosetosa* Chen et al., 1956

模式標本存廣州中山醫學院寄生蟲學敎研組。

Gahrliepia (Gateria) octosetosa Chen et al., 1956.

採集地點: 福建——平潭。

宿主: 台鼠。

15. 羅氏背展(恙蟲) *Gahrliepia (Gateria) romeri* Womersley, 1952

模式標本存南澳洲博物館。

Gahrliepia (Gateria) romeri Womersley, 1952.
Gahrliepia (Gahrliepia) romeri, Audy, 1957.

採集地點: 廣東——香港。

宿主: 家鼠(若干種——未鑑定)、斯氏家鼠。

背展亞屬 Subgenus *Gahrliepia* Oudemnns, 1912

16. 羊城背展(恙蟲) *Gahrliepia (Gahrliepia) yangchenensis* Chen & Hsu, 1957

模式標本存廣州中山醫學院寄生蟲學敎研組。

Gahrliepia (Gahrliepia) yangchenensis Chen & Hsu, 1957.

採集地點: 廣東——廣州、佛山、海南島。

宿主: 褐家鼠、黃胸鼠、臭鼩鼱。

恙蟲亞科 Subfamily Trombiculinae Ewing, 1946
奇棒屬 Genus *Neoschöngastia* Ewing, 1929

17. 鷄奇棒(恙蟲) *Neoschöngastia gallinarum* (Hatori, 1920)

模式標本存放地方未詳。

Trombicula gallinarum Hatori, 1920; Kawamura & Yamaguchi, 1921.
Neoschöngastia gallinarum Sugimoto, 1936; Jeu, 1956; Jeu & Wen, 1957.
Neoschöngastia wangi Chen & Hsu, 1955.

採集地點*: 台灣、江蘇、上海、福建、浙江、安徽、山東、河南、江西、湖北、四川、廣東。

宿主: 家鷄、家鴿、喜鵲、小杜鵑、鵰鴞、家鴨、家鵝、環頸雉、琉麻雀、台麻雀、大嘴烏鴉、日本小翠鳥、林夜鷹、華南小鴉鵑、普通珠頸斑鳩、灰斑鳩、蒼鷺、綠頭鴨、河鳥、白鷴、吐綬鷄、綠孔雀、白腹錦鷄。

18. 波氏奇棒(恙蟲) *Neoschöngastia posekanyi* Wharton & Hardcastle, 1946

模式標本存美國國家博物館 (U. S. National Museum, Washington D. C.)

Neoschöngastia posekanyi Wharton & Hardcastle, 1946; Chen & Hsu, 1957; Jeu, 1957.

採集地點: 廣東——廣州、石歧、海康、佛山、海南島的海口、白沙、東方與文昌; 福建——廈門、莆田、平潭。

宿主: 家鷄、禿鼻烏鴉、黑龍眼燕、黑枕王鶲、黑臉畫眉、鵲鴝、海南擬啄木鳥、棕頸鈎嘴鶥、棕背伯勞、灰樹鵲、海南黃嘴噪啄木鳥、華南黃嘴噪啄木鳥、黑灰鵑鶪、赤紅山椒鳥、髮冠捲尾、吐綬鷄。

19. 磯鶇奇棒(恙蟲) *Neoschöngastia monticola* Wharton & Hardcastle, 1946

模式標本存美國國家博物館。

---

* 本蟲分佈很廣,各省份的詳細分佈紀錄從略。

Neoschöngastia monticola Wharton & Hardcastle, 1946; Chen & Hsu (待發表)

採集地點: 宿主購自廣州。

宿主: 黑頂翠鳥。

20. 美洲奇棒(恙蟲)六毛變種 *Neoschöngastia americana* var. *hexasternosetosa* **var. nov.**

模式標本存廣州中山醫學院寄生蟲學敎研組。

Neoschöngastia americana var. *hexasternosetosa*, var. nov. (待發表)

採集地點: 廣東——番禺、廣州。

宿主: 小杜鵑。

21. 美洲奇棒 (恙蟲) 所羅門變種 *Neoschöngastia americana* var. *solomonis* Wharton & Hardcastle, 1946

模式標本存美國國家博物館。

Neoschöngastia americana var. *solomonis* Wharton & Hardcastle, 1946; Jeu, 1957; Chen & Hsu (待發表).

採集地點: 廣東——番禺、廣州;福建——厦門。

宿主: 小杜鵑、家鷄。

球棒屬 Genus *Globularoschöngastia* Chen & Hsu, 1955

22. 克氏球棒(恙蟲) *Globularoschöngastia kohlsi* (Fhilip & Woodward, 1946)

模式標本存美國國家博物館。

Neoschöngastia kohlsi Philip & Woodward, 1946.

Globularoschöngastia kohlsi Chen & Hsu, 1955.

採集地點: 廣東——海豐、海康。

宿主: 褐家鼠、黑家鼠。

23. 康鼠球棒(恙蟲) *Globularoschöngastia rattihaikonga* Hsu & Chen, 1957

模式標本存廣州中山醫學院寄生蟲學敎研組。

Globularoschöngastia rattihaikonga Hsu & Chen, 1957.

採集地點: 廣東——海康。

宿主: 鼠類(缺種的記錄)。

24. 西盟球棒(恙蟲) *Globularoschöngastia simena* Hsu & Chen, 1957

模式標本存廣州中山醫學院寄生蟲學敎研組。

Globularoschöngastia simena Hsu & Chen, 1957.

採集地點: 雲南西盟。

宿主: 缺記錄。

25. 香港球棒(恙蟲) *Globularoschöngastia hongkongensis* (Womersley, 1957)

模式標本存南澳洲博物館。

Helenicula hongkongensis Womersley, 1957; Audy, 1957.

採集地點: 廣東——香港。

宿主: 家鼠(若干種——未鑑定)。

26. 長毛球棒(恙蟲) *Globularoschöngastia comata* (Womersley, 1952)

模式標本存南澳洲博物館。

Schöngastia (Ascoschöngastia) comata Womersley, 1952.

Helenicula comata Audy, 1957.

採集地點：廣東——香港。

宿主：？

27. 小球球棒(恙蟲) *Globularoschöngastia globulare* (Walch, 1927)

模式標本存放地點未詳。

Trombidium (Trombicula) globulare Walch, 1927.

Helenicula globulare Audy, 1957,

採集地點：廣東——香港。

宿主：？

28. 伯勞球棒(恙蟲) *Globularoschöngastia lanius* (Radford, 1946)

模式標本存倫敦英國博物館。

Neoschöngastia lanius Radford, 1946.

Helenicula lanius Audy, 1957.

採集地點：廣東——香港。

宿主：？

棒屬 Genus *Schöngastia* Oudemans, 1910

29. 假宿棒(恙蟲) *Schöngastia pseudoschuffneri* (Walch, 1927)

模式標本存放地方未詳。

Trombicula pseudoschuffneri Walch, 1927.

Schöngastia cantonensis Liang et al., 1957.

採集地點：廣東——廣州。

宿主：缺記錄。

眞棒屬 Genus *Euschöngastia* Ewing, 1938

30. 印度眞棒(恙蟲) *Euschöngastia indica* (Hirst, 1915)

模式標本存倫敦英國博物館。

Schöngastia indica Hirst, 1915.

Neoschöngastia indica Chao et al., 1953; Kan et al., 1953.

Euschöngastia indica Chen & Hsu, 1955.

Ascoschöngastia (Laurentella) indica Audy, 1957.

採集地點：廣東——廣州、香港、海豐、海康、海南島的文昌與海口、石歧、佛山；廣西——桂林；福建——平潭。

宿主：褐家鼠、黑家鼠、黃胸鼠、台鼠、臭鼩鼱、海南擬啄木鳥、小鼠、黑尾鼠、細腹松鼠。

31. 休氏眞棒(恙蟲)福建變種 *Euschöngastia schlugeri* var. *fukienensis,* var. nov.

模式標本存廣州中山醫學院寄生蟲學敎研組。

Euschöngastia schlugeri var. *fukienensis,* var. nov. (待發表)

採集地點：福建——平潭。

宿主：白腹巨鼠。

32. 烏氏眞棒(恙蟲) *Euschöngastia audyi* (Womersley, 1952)

模式標本存南澳洲博物館。

Schöngastia (Ascoschongastia) audyi Womersley, 1952.
Euschöngastia audy Chen & Hsu (待發表)

採集地點：廣東——海南島的白沙與東方。

宿主：花松鼠、紅腹松鼠。

33. 烏氏眞棒(恙蟲)白沙變種 *Euschongastia audyi* var. *paishaensis*, var. nov.

模式標本存廣州中山醫學院寄生蟲學敎研組。

Euschöngastia audyi var. *paishaensis*, var. nov. (待發表)

採集地點：廣東——海南島的白沙。

宿主：海南擬啄木鳥。

34. 鸚鵡眞棒(恙蟲) *Euschöngastia lorius* (Gunther, 1939)

模式標本存 School of Public Health, Sydney, N. S. W.

Neoschöngastia loriue Gunther, 1939.
Euschöngastia lorius Chen & Hsu (待發表)

採集地點：廣東——海南島的文昌與白沙。

宿主：海南擬啄木鳥、華南黃嘴噪啄木鳥。

35. 伊香眞棒(恙蟲) *Euschöngastia ikaoensis* (Sasa et al., 1951)

模式標本存放地方未詳。

Neoschöngastia ikaoensis Sasa et al., 1951.
Euschöngastia ikaoensis Chen & Hsu (待發表)

採集地點：福建——平潭。

宿主：台鼠。

恙蟲屬 Genus *Trombicula* Berlese, 1905

眞恙蟲亞屬 Subgenus *Eutrombicula* Ewing, 1938

36. 石木氏恙蟲 *Trombicula* (*Eutrombicula*) *isshikii* Sugimoto, 1938

模式標本存放地方未詳。

Trombicula isshikii Sugimoto, 1938.
Trombicula (*Eutrombicula*) *isshikii* Chen & Hsu, 1955.

採集地點：台灣。

宿主：澳南沙錐。

37. 威氏恙蟲 *Trombicula* (*Eutrombicula*) *wichmanni* (Oudemans, 1905)

模式標本存 Rijks-Museum, Leiden.

Thrombidium wichmanni Oudemans, 1905.
Trombicula pseudoakamushi Hatori, 1919.
Trombicula (*Eutrombicula*) *wichmanni* Hsu & Chen, 1957.
Trombicula (*Eutrombicula*) *wichmanni* var. *tinghuensis* Liang et al., 1957.

採集地點：廣東——海康、廉江、肇慶、海南島的文昌、東方與海口。

宿主：黑家鼠、褐家鼠、海南珠頸斑鳩、鵲鴝、家鷄。

38. 赫氏恙蟲 *Trombicula (Eutrombicula) hirsti* Sambon, 1927

模式標本存放地方未詳。

Trombicula pseudoakamushi Hatori, 1919.
Leptus autumnalis formosanus Kawamura & Yamaguchi, 1921.
Trombicula hirsti Sambon, 1927.
Trombicula (Eutrombicula) hirsti, Chen & Hsu, 1957.

採集地點：廣東——安舖、海南島的文昌、東方和海口。

宿主：家鷄、海南珠頸斑鳩、鵲鴝、褐家鼠。

纖怯亞屬 Subgenus *Leptotrombidium* Nagayo et al., 1916

39. 紅恙蟲 *Trombicula (Leptotrombidium) akamushi* (Brumpt, 1910)

模式標本存放地方未詳。

Trombidium akamushi Brumpt, 1910.
Trombidium akamushi Hatori, 1919.
Trombicula (Leptotrombidium) akamushi Hsu et al. (待發表)

採集地點：台灣、澎湖列島、海南島的白沙。

宿主*：短尾鼴鼠、台灣小家鼠、背紋姬鼠、小家鼠、赤家鼠、褐家鼠、黑家鼠、台鼠、斯英甫氏鼠、台姬鼠、白齒鼩、臭鼩鼱、犬、貓、水牛、黃牛、家鷄、鵲鴝、爪哇小鴉鵑、印度棕三趾鶉。

40. 地裏紅恙蟲 *Trombicula (Leptotrombidiun) akamushi* var. *deliensis* Walch, 1923

模式標本存放地方未詳。

Trombicula deliensis Walch, 1923; Millspaugh & Fuller, 1947; Kan et al., 1953.
Trombicula (Leptotrombidium) akamushi var. *deliensis* Chen & Hsu, 1955.
Trombicula (Leptotrombidium) deliensis Womersley, 1957; Audy, 1957.

採集地點：廣東——廣州、海豐、香港、海康、新會、石歧、海南島的白沙、海口、東方與文昌；廣西——桂林；福建——平潭、建陽；雲南——保山、昆明和昆明西南滇緬公路綫地區。

宿主：褐家鼠、黑家鼠、黃胸鼠、台鼠、家鼠(若干種——未鑑定)、斯氏家鼠、短尾鼴鼠、臭鼩鼱、花松鼠、紅腹松鼠、紅臉長吻松鼠、鼯鼠、長吻松鼠、社鼠、樹鼩、猪獾、黑臉畫眉、鵲鴝、灰樹鵲、白臉笑鶇。

41. 于氏恙蟲 *Trombicula (Leptotrombidium) yui* Chen & Hsu, 1955

模式標本存廣州中山醫學院寄生蟲學敎研組。

Trombicula (Leptotrombidium) yui Chen & Hsu, 1955.

採集地點：福建。

宿主：缺記錄。

42. 小板恙蟲 *Trombicula (Leptotrombidium) scutellaris* (Nagayo et al., 1921)

模式標本存放地方未詳。

---

* 本恙蟲在台灣的宿主材料很亂，除了同物異名外，經初步整理共 21 種。

Trombicula scutellaris Nagayo et al., 1921.

Trombicula (*Leptotrombidium*) *scutellaris* Hsu & Chen, 1957.

採集地點: 大興安嶺。

宿主: 棕野鼠、鳴鼠(未鑑定)。

43. 小板恙蟲半光變種　*Trombicula* (*Leptotrombidium*) *scutellaris* var. *basoglabrosis* Chen et al., 1956

模式標本存廣州中山醫學院寄生蟲學教研組。

Trombicula (*Leptotrombidium*) *scutellaris* var. *basoglabrosis* Chen et al., 1956.

採集地點: 福建——福州。

宿主: 台鼠。

44. 鬚恙蟲　*Trombicula* (*Leptotrombidium*) *palpalis* Nagayo et al., 1919

模式標本存放地方未詳。

Trombicula palpalis Nagayo et al., 1919; Chen et al., 1956; Liu, 1958.

採集地點: 福建——福州、福清; 北京。

宿主: 台鼠、褐家鼠、小家鼠、黑家鼠。

45. 居中恙蟲　*Trombicula* (*Leptotrombidium*) *intermedia* Nagayo et al., 1920

模式標本存放地方未詳。

Trombicula intermedia Nagayo et al., 1920; Chen et al., 1956.

採集地點: 福建——平潭; 浙江。

宿主: 台鼠、褐家鼠、黑家鼠。

46. 蒼白恙蟲　*Trombicula* (*Leptotrombidium*) *pallida* Nagayo et al., 1919*

模式標本存放地方未詳。

Trombicula (*Leptotrombidium*) *pallida* Tung, 1957.

採集地點: 山東——濟南。

宿主: 家鼠(未鑑定)。

恙蟲亞屬 Subgenus *Trombicula* Berlese, 1905

47. 蒙打恙蟲　*Trombicula* (*Trombicula*) *munda* Gater, 1932

模式標本存倫敦英國博物館。

Trombicula munda Gater, 1932; Kan et al., 1952; Chen & Hsu, 1955.

採集地點: 廣東——廣州、佛山、石歧、新會。

宿主: 褐家鼠、黑家鼠、小家鼠。

48. 軻鷹恙蟲　*Trombicula* (*Trombicula*) *corvi* Hatori, 1920

模式標本存放地方未詳。

---

* 日本產的 *T.* (*L.*) *pallida* 背毛爲 70 根，排列爲 2—14—14—12—10—8—6—4，Aw 69，Pw 73，而佐佐學氏等(Sasa et al., 1950)描述的一變種報 *T. pallida burnsi* 則背毛爲 42—44 根，排列爲 2—10(11)—10(11)—8—6—4—2，Aw 71.1，Pw 78.3 或 Aw 67.5，Pw 72.1(以上見 Sasa 著恙蟲と恙蟲病一書)。根據滕氏(1957)的材料則背毛爲 38 根，排列爲 2—10—10—8—2—4—2，Aw 74.4，Pw 88.4。如果 *T. pallida burnsi* 能够成立，則滕氏的材料似也可以考慮爲另一個新變種，否則只能認爲同屬一種。

Trombicula corvi Hatori, 1920; Kawamura & Yamuguchi, 1921.

採集地點：台灣。

宿主：家鷄、大嘴烏鴉、爪哇小鴉鵑。

葉怯屬 Genus *Trombiculindus* Radford, 1948

49. 楔形葉怯恙蟲 *Trombiculindus cuneatus* Traub & Evans, 1951

模式標本存美國國家博物館。

Trombiculindus cuneatus Traub & Evans, 1951; Chen & Hsu, 1957.

採集地點：廣東——廣州；福建——平潭。

宿主：臭鼩鼱。

五甲屬 Genus *Tragardhula* Berlese, 1905

50. 鈍角五甲恙蟲 *Tragardhula acuscutellaris* (Walch, 1922)

模式標本存放地方未詳。

Trombicula acuscutellaris Walch, 1922.
Tragardhula acuscutellaris, Chen & Hsu, 1957.

採集地點：廣東——佛山。

宿主：缺記錄。

51. 廣蟎五甲恙蟲 *Tragardhula kwanacara* Chen & Hsu, 1957

模式標本存廣州中山醫學院寄生蟲學敎研組。

Tragardhula kwanacara Chen & Hsu, 1957.

採集地點：宿主購自廣州。

宿主：夜鷺。

恙 蟲 蚴 宿 主 學 名 表

哺 乳 類

1. 褐家鼠 *Rattus norvegicus* (syn. *Rattus r. decumanus*)
2. 黑家鼠 *Rattus r. rattus*
3. 赤家鼠 *Rattus r. rufescens*
4. 斯氏家鼠 *Rattus r. sladeni*
5. 台鼠 *Rattus losea*
6. 黃胸鼠 *Rattus f. flavipectus*
7. 社鼠 *Rattus c. confucianus*
8. 白腹巨鼠 *Rattus edwardsi*
9. 小鼠 *Rattus exulans*
10. 黑尾鼠 *Rattus cremoriventer*
11. 斯英甫氏鼠 *Rattus coxingi*
12. 袋狸鼠 *Bandicota indica nomorivaga*
13. 鳴鼠 (未鑑定)
14. 棕野鼠 (未鑑定)
15. 小家鼠 *Mus musculus*
16. 台灣小家鼠 *Mus formosanus*
17. 背紋姬鼠 *Apodemus agrarius* (= *Mus agrarius*)
18. 台姬鼠 *Apodemus semotus*
19. 臭鼩鼱 *Suncus murinus* (syn. *Pachyura murina*, *Crocidura murina*)
20. 樹鼩 *Tupaia belangeri chinensis*
21. 鼴鼠 *Eothenomys m. miletus*
22. 短尾鼴鼠 *Crocidura moschata*
23. 白齒鼩 *Sorex dsinezumi*
24. 紅腹松鼠 *Callosciurus erythraeus castaneoventris*
25. 細腹松鼠 *Callosciurus tenuis*
26. 紅臉長吻松鼠 *Dremomys rufigenis*
27. 長吻松鼠 *Dremomys pernyi flavior*
28. 花松鼠 *Tamiops macclellandi*
29. 猪獾 *Arctonyx c. collaris*

鳥 類

1. 喜鵲 *Pica pica sericea*
2. 小杜鵑 *Cuculus policephalus*
3. 鶴鴣 *Francolinus pintadeanus*
4. 環頸雉 *Phasianus colchicus torquatus*
5. 琉麻雀 *Passer montanus saturatus*
6. 台麻雀 *Passer montanus taivanensis*
7. 日本小翠鳥 *Alcedo atthis japonica*

8. 黑頂翠鳥 *Halcyon pileata*

9. 大嘴烏鴉 *Corvus macrorhynchus colonorum*
　　(=*Corvus coronoides colonorum*)

10. 禿鼻烏鴉 *Corvus fregilegus pastinator*

11. 林夜鷹 *Caprimulgus affinis monticola*

12. 華南小鴉鵑 *Centropus bengalensis lignator*

13. 爪哇小鴉鵑 *Centropus bengalensis javanicus*

14. 普通珠頸斑鳩 *Streptopelia c. chinensis*

15. 海南珠頸斑鳩 *Streptopelia chinensis hainana*

16. 灰斑鳩 *Streptopelia d. decaocto*

17. 夜鷺 *Nycticorax n. nycticorax*

18. 蒼鷺 *Ardea cinerea rectirostris*

19. 綠頭鴨 *Anas p. platyrhynchos*

20. 河烏 *Cinclus pallasi*

21. 白鷳 *Lophura nycthemera rufipes*

22. 吐綬鷄 *Meleagris gallopavo*

23. 綠孔雀 *Pavo muticus imperator*

24. 白腹錦鷄 *Chrysolophus amherstiae*

25. 黑龍眼燕 *Dicrurus macrocereus cathoecus*

26. 黑枕王鶲 *Hypothymis azurea styani*

27. 黑灰鵑鵙 *Coracina melaschistos avensis*

28. 赤紅山椒鳥 *Pericrocotus flammeus fohkiensis*

29. 髮冠捲尾 *Dicrurus hothentottus brevirostris*

30. 鵲鴝 *Copsychus saularis prosthopellus*

31. 白臉笑鶇 *Garrulax sannio*

32. 黑臉畫眉 *Garrulax p. perspicillatus*

33. 棕頸鈎咀鶥 *Pomatorhinus ruficollis stridulus*

34. 海南鷉啄木鳥 *Megalarins oorti faber*

35. 華南黃嘴噪啄木鳥 *Blythipicus pyrrhotis sinensis*

36. 海南黃咀噪啄木鳥 *Blythipicus pyrrhotis hainanus*

37. 棕背伯勞 *Lanius schach schach*

38. 灰樹鵲 *Crypsirina formosae sinica*

39. 澳南沙錐 *Capella hardwickii*

40. 印度棕三趾鶉 *Turnix suscitator taigoor*

提　要

　　本文是中國恙蟲科 (Trombiculidae Ewing, 1944) 恙蟲蚴種類的名錄，總共 51 種，其中絕大多數系解放後描述的種類。　這 51 種中，屬於六節亞科 (Leeuwenhoekiinae Womersley, 1944) 的計 2 種，全部是多齒屬(*Acomatacarus* Ewing, 1942)的恙蟲蚴；屬於背展亞科(Gahrliepiinae Womersley, 1952)的計 14 種，全部為背展屬(*Gahrliepia* Oudemans, 1912)的恙蟲蚴；屬於恙蟲亞科(Trombiculinae Ewing, 1946)的計 35 種，其中奇棒屬(*Neoschöngastia* Ewing, 1929) 5 種(變種)，球棒屬(*Globularoschöngastia* Chen & Hsu, 1955) 7 種，棒屬(*Schöngastia* Oudemans, 1910) 1 種，眞棒屬(*Euschöngastia* Ewing, 1938) 6 種，恙蟲屬 (*Trombicula* Berlese, 1905) 14 種(變種)，五甲屬(*Tragardhula* Berlese, 1905) 2 種。　分佈地區包括廣東(海南島)、廣西、福建、山東、江蘇、雲南、浙江、河北、河南、台灣、安徽、江西、四川、湖北等 14 省和內蒙古自治區。寄生的宿主，已經鑑定的，共 67 種，其中哺乳類 27 種，鳥類 40 種。

SPECIES OF TROMBICULID LARVAE AND THEIR DISTRIBUTION

H. T. CHEN and P. K. HSU

(Chungshan Medical College, Canton)

The trombiculid larvae of the family Trombiculidae Ewing known to China include altogether 51 species and varieties which fall into 3 subfamilies, namely, Leeuwenhoekiinae Womersley, Gahrliepiinae Womersley and Trombiculinae Ewing. In the subfamily Leeuwenhoekiinae are 2 species of genus *Acomatacarus* Ewing, 1942. In the subfamily Gahrliepiinae are 14 species of genus *Gahrliepia* Oudemans, 1912. The subfamily Trombiculinae is largest, comprising 35 species in 5 different genera, namely, 5 in *Neoschöngastia* Ewing, 1929, 7 in *Globularoschöngastia* Chen & Hsu, 1955, 1 in *Schöngastia* Oudemans, 1910, 6 in *Euschöngastia* Ewing, 1938, 2 in *Tragardhula* Berlese, 1905, and 14 in *Trombicula* Berlese, 1905.

The geographical distribution of the 51 species include Kwangtung (Hainan), Kwangsi, Fukien, Shangtung, Kiangsu, Yunnan, Chekiang, Hopei, Honan, Taiwan, Anhwei, Kiangsi, Szechuan, Hupeh and the Autonomous Region of Inner Mongolia. The host species include 29 species of mammals and 40 species of birds.

1958年　第11号

著　　述

广东的地理环境同血吸虫病流行的关系

中山医学院寄生虫学教研组　　徐秉锟　陈心陶

广东的地理形势、水系及气候与
血吸虫病流行区的分布及类型的关系

广东处于低纬，最北的乐昌（北纬25度31分）同最南的南沙群岛的曾姆暗沙（北纬4度左右）相差21度零3分。全境丘陵起伏，只有珠江三角洲为低平的平原，大约全省平原占10%，台地占15%，丘陵及中等山地占75%。本省山脉的走向多西南而东北，与季风的来向恰成正交，但因高山多在北部南岭，因此季风几乎遍及全省，而北方南下的冷空气往往受阻于南岭，只能沿山隘或河流谷地入侵，南岭起了屏障的作用，所以广东雨量充足，全年温度很高，虽在隆冬，一般也无霜害。

广东的水系除了较大的韩江外，全部属于珠江的下游水系，包括西江主流、北江水系、东江水系及三角洲河道。本省血吸虫病流行区除了增城县的一个小么外，全部部分布在北江流域，包括属于北江下游部份的珠江三角洲在内。就北江流域的地理形势说，上中游流经峡谷，两岸没有延展的平野。三角洲为本省最大的平野，也是地势最低的区域。三角洲的范围以清远为其北顶点，东莞、石龙为其东部界限，高要、后凉为其西界，全面积9300平方公里。东西北三江之水至此折为无数交流，互相交缠成网状的脉路，各自径行入南海。总的来说，北江流域的地形，清远以北属于丘陵及中等山地，其中虽也有一些谷地，但地势较高，而且愈北愈高，这里的河流包括北江的主流、支流及其上源，大部成峡谷流。清远以南即进入珠江三角洲平原，这里除了北江主流之外，还有从主流分出的一些河道在平原上交缠成网状。

广东雨量甚为丰沛，全年平均雨量为1700公厘，年雨量超过2000公厘的地区也不少。就各月份雨量而言，各地多成单峰形，最高点一般出现在6月，也有在5、7、8、9等月不一；一般北部（粤北与韩江上游）出现较早，多在5月，愈往南最高点的出现愈迟。由于雨量充足，而且比较集中，因此除了特别的旱涝年份外，北江一年中定期出现的洪水期，一般在5、6月开始。这时水位上涨，特别是下游，由于容纳了更多的支流，水位的上升更快。至于作为珠江主流的西江，西接珠江上中游水系的许多支流，水量因之远较北江为大，但因洪水出现期较后省略迟。一般来说，北江的洪水来得较早，也退得较早。西江的洪水来得较迟，也退得较迟，因此北江下游的最大洪水是在北江洪期未过、西江洪期已到这一段时间，这时水量之大远远超过北江下游的主流及北江流域三角洲河道本身的容量。

上文所述的北江流域的地势及西、北两江一年中水位变化的情况决定了：①在每年雨季，三角洲平原范围以北的北江主流及支流水位虽也上涨，但由于离西北两江会合处较远，受西江水位上涨的影响较小，因此上涨的程度一般较处于三角洲平原的北江主流及其河道为小；另一方面地势较高，两岸少有延展的平野，因此一般少有机会引起泛滥。②北江在进入三角洲平原范围以后，一方面北江本身至此容纳了更多的支流，水量大，另一方面又受西江水位上涨的直接影响，水位上涨区之很快，加以地势低，河流两岸都是平野，因此，除了人工防洪地区，也就是堤围高度超过洪峰的地区和一些山岗之外，几乎所有的低洼地带在这时都成一片汪洋。这就是为什么本省血吸虫病流行区天然地成为两种类型的原因：即清远以北的丘陵或中等山地为沟渠型；清远以南的三角洲平原北部为湖地型。③北江和它的许多支流（包括在三角洲的河道）在洪水时期河水的水位高，流速大，冲刷力强，河岸表土变动很大，由于没有比较恒定不变的表土，河岸两旁也就很难隐杂草生长，丁螺的繁殖当然更不容易了。这就是为什么即使在丁螺容易孳生的湖地，河道两岸也没有丁螺的主要原因。

广东的血吸虫病流行区

上文提到本省的血吸虫病流行区可以自成为两种类型，即为渠型与湖地型。这种区分主要是指丁螺的孳生场所而言。

1. 沟渠型流行区：在沟渠型流行区，丁螺孳生在各种灌溉沟、山沟、涌、田沟、小河及活水坝等地方。一般来說，丁螺的分布不是呈大面积的分布，而只是局限于各种水道里面，从整个面来可以說是錢的分布。这种类型的流行区分布在珠江三角洲以北的山地和丘陵地区，这里有两个流行区，一个在仁化县的南部，另一个从行政区域来說，包括曲江的南部以及和此毗連的属于翁源、英德县境的小部份地区。此外还有一块很小的流行区在增城的北部。增城位于三角洲东北部的边沿，不属于北江流域，流行区水系直接通连三角洲河道。应該指出，即使在沟渠型的丁螺繁殖区，丁螺的分布也只限于某一范圍內的沟渠，或某一些沟渠，一般来說，荒沟比使用沟丁螺密度要高一些，水流慢的小沟比水流急的大沟密度高一些。在这一类型流行区，丁螺面积有 1,110,461 平方公尺，受感染人数共 18,826 人，直接受本病威胁的人数共 105,858 人（附表、圖）。

附表　广东血吸虫病流行区統計資料

型别	县别	証实有病灶及感染丁螺的乡数	丁螺繁殖面积（平方公尺）	患者人数	直接受威胁人数
沟渠型	仁化	11	475,619	3,438	12,232
	曲江	13	525,260	13,781	83,609
	翁源	1	20,215	79	827
	英德	1	73,834	869	2,219
	增城	1	15,533	659	6,971
游地型	清远	16	4,427,541	32,537	144,264
	花县	5	375,089	4,704	17,289
	四会	5	430,000	25,067	64,870
	三水	11	1,200,000	11,402	39,743
	南海	1	100	640	8,350
合計		64	7,543,191	93,176	379,174

2. 游地型流行区：本类型系三角洲平原的流行区，丁螺孳生在草塘、沼澤、水坝、靳坪（荆棘或其它带刺灌木林地方）、竹园以及其他經常被洪水或內涝积水淹浸的地区。一般来說，在这面积里的小沟渠也有丁螺孳生，但惡不是局限于后者。至于較大的水道，河岸泥層因河水沖刷（特别在洪水期），变动很大，丁螺无法立足，因此沒有丁螺孳生。这一类流行区分布在珠江三角洲平原的北部，北起清远，南至西北两江会合点，属于北江流域下游地带。应該指出，现存的丁螺孳生地只占现在珠江三角洲北部淹浸地区的一部分，其中有三个比較大的和二个小的未圍洪水淹浸地带（包括

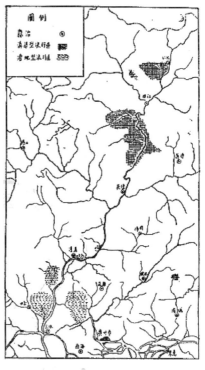

附圖　广东省血吸虫病流行区分布

小部份虽已圍但还沒有完全解决內涝积水的地区在內），高度都在海拔 100 至 115 或 100 至 120 公尺之間。三个比較大的丁螺孳生地区为①四会、三水、清远三县毗連的一片低洼淹浸地带，也就是北江主流西面慢水河两岸的几个草塘，如絅口卓塘、鹿和草坝等；②北江下游以西、綏江以东的低洼淹浸地带，俗称六泊草塘，就引致区域就是三水、四会两县毗連的地区；③花县西部包括毗連的南海县境一小块地区在內的一片低洼水淹地带。两个比較小的丁螺孳生地区为清远县城附近、北江主流西岸的一块小低洼淹浸地带和这块地区以北、芭江口附近北江西岸的小块低洼淹浸地区。在这一类型流行区，丁螺面积共 6,432,730 平方公尺，受感染人数共 74,350 人，直接受威胁人数为 273,316 人（参看表和圖）。

游地型流行区的丁螺繁殖场所虽然都在珠江三角洲北部洪水淹浸地带，但按其性質則有荒地、华荒

1958年 第11号

地和半荒半沼泽地等几种。虽然同是淹浸地带，但由于泄洪难易和地势高低的差别，淹浸时间的长短不是完全一样的。淹浸时间的长短决定了该地区荒废的程度，而两者都影响了丁螺在该地区的繁殖和分布。一般有下述几种情况：

（一）每年淹浸时间在半年左右的低洼地带（包括屡淹屡落的在内），即一般高度约在海拔100—113或100—115公尺的未围地带，基本上都成为久荒之地。就丁螺的繁殖情况说，在水淹范围内，除了某些点，某些地势较高的地带以及水退后仍然有积水的水塘没有丁螺外，一般都有丁螺分布，虽然密度差别可能很大。在这样的地区，一般人口密度较低，土地较多。

（二）每年淹浸时间在3、4个月的低洼地带通常有两种情况：一种是未围的、高度约在海拔113—115或113—120公尺之间的地区，另一种是虽已围、但还没有能够完全解决内涝积水的、高度约在海拔100—115公尺之间的地区。前者有的已被开垦为稻田，有的还是荒地（如靶坪、草地）或半荒地（如竹园等），而后者则绝大部分的土地已开垦为稻田。由于淹浸的关系，上述这些已经开垦的地区，仍然只能成为半年种半年荒的罪造田。田埂上虽然有丁螺，但密度不大，稻田内更少。而丁螺密度比较大的，也就是丁螺的正常繁殖地方主要是其中的小河、荒沟以及留存的小塘未经开垦的荒点和无法开垦的烂泥田。在这里不难看出丁螺已经从原来面的分布逐渐改变为鰺的分布，也就是从涝地型转变为沟渠型的一种过渡情况。至于靶坪和竹园，丁螺虽然也呈面的分布，但多数分布在灌木丛和竹丛里。

（三）每年淹浸时间在3个月以下的地区。如果是稻区，则丁螺一般没有成为面的分布，基本上同沟渠型的分布差不多；但如果是灌木林、竹园等，则可以作密度很低的面的分布，同前一类情况一样，丁螺也多数在靶丛和竹丛里。

总的来说，本省涝地型的流行区受威胁的人数和病人数目都比较多，丁螺分布的面积大，情形比较复杂，比起沟渠型流行区是数难解决的问题。

广东血吸虫病的一些流行因素及其特点

广东的地理环境及气候条件固然同血吸虫病流行区的分布及类型有关系，流行病学上起主要作用的几个因素，如水源污染和感染方式等，在不同类型的流行区也有一定程度的差别。现分述如下：

一　感染方式　在广东，血吸虫病感染方式是各种各样的，在各种类型的流行区也莫不皆然。就沟渠型流行区说，丁螺主要繁殖在山沟、涵和田沟里（稻田基本上没有），因此人接触接水（含有血吸虫尾蚴的水）而获得感染的方式主要是通过在田沟里进行农业生产的各种活动，例如耙作后洗农具，洗手脚及清理水路、猪水放水等灌溉操作，也就是说，血吸虫的感染主要是在有丁螺孳生的沟渠及其下游。至于沟渠以外的感染主要以插秧和耘田的可能性为最大，因为这时候接触田水的人数众多，而田里耕从沟里放进了水。当然非农业生产的活动也能感染，例如儿童戏水、妇女洗衣服家俱等，但从整个来说则不是主要的感染方式。沟渠型流行区感染的第二个特点是人获得感染基本上都在本地区，都是从本地区的感染源获得感染，从外地或外地人从本地区获得感染的机会都是很少的，这主要是因为农民耕地的分布一般都在自己居住的村庄附近的缘故。

涝地型流行区的情况就不同了。在未耕种或基本上未耕种的淹浸时间较长的涝地，例如六泊草塘，感染方式主要是通过副业生产的活动，其次是涉水。因为草塘基本上还是未开垦的处女地，除了蕴藏有大量的各种各样的杂草、水草之外，在水退后还留下大量的从大河中来的和在草塘本身繁殖起来的水族，主要是鱼、虾、蟹之类。因此副业生产主要是在草塘水退的秋冬季节进行，例如捕鱼、打杂草、捡拾螺虾、牧牛等。此外如游水草、放鸭、爆石灰岩等副业生产则在涩水与退水季节都有。涉水在水涩时期一般是在草塘边缘，而在水退季节则草塘各处都有人涉水，特别是处于交通舰上的地方。受感染的人除了居住在丁螺繁殖地区周围及附近村庄者以外，在农业合作化以前，较远村落的居民也多有在水枯季节来这里进行副业生产因而获得感染的。农民组织起来之后，虽然情况有了很大的改变；但还不是完全没有的。至于受感染者的职业，也不像沟渠型流行区那样几乎全是农民，而是除了农民外，还有一部分渔民和一向以副业为生活的人。

在基本上已经完全耕种的淹浸时间较短（4、5个月）的涝地即一般称为罪造田地区，血吸虫病感染则兼有沟渠型和涝地型的感染方式。人之获得感染，通过农业生产，也通过副业生产。至于以那一种为主，主要看开垦的程度和可以作为副业生产的潜力而异。这里丁螺除了繁殖在田沟小河之外，还繁殖在烂荒点（烂泥田）和田埂上，就是说，虽然是处在从面的分布过渡到鰺的分布的过程，而实际上还仍然保持面的分布的情况。更由于这地区还是一个洪水淹浸区，因此虽然同是通过农业生产活劝获得感染，但情况同沟渠型又有不同，除了由于从事农业生产或者在生产过程中必需同沟渠的水接触而获得感染的一种方式外，还有留在水田插秧因而得到感染的。当年洪水开始退时，处于较高地方的稻田自然首先露出水稻之上，这时农民把水拦蓄在稻田里，并立即进行耕作活动——犁田和插秧，大批的感染可能就由于此。此外，由于田坝上还残留有少量的丁螺，即在平时，稻田里的水的感染性也比沟渠型流行区稻田里的水为高。至于通过副业生产而获得感染的方式，主要是捉鱼和捡拾螺蚬，这些地区在水退后，也留下了一定数量的鱼虾在河沟和小塘内，是很好的副业收入。但因为副业生产的来源都宽远不能和六泊草塘那样大面积久荒低洼的淹浸地区相比，外地来捉鱼、捡拾螺蚬的人是很少的，因此受感染的人基本上也都是本地区的人，这一点同沟渠型的情况相似。

在淹浸时间短（4、5个月与3个月以下）的有丁螺存在或繁殖的非稻田地区，例如竹园、灌木林、草地、坟坪等的感染方式主要只是涉水。在洪水淹浸的时期，交通通道、村庄附近，甚至住屋四周或屋内都被淹浸，这时村庄里的男女老少不论是生产或生活活动都要涉水，而在这淹浸的范围内或附近就有丁螺。但在这里一方面淹浸时间很短，这些退后一般少有机会获得感染，因此，在许多类型的流行区中，可能获得感染的时间以本类型为最短。当然，主要还是本地区的人获得感染。

二　水源污染　在广东，从血吸虫病流行病学的角度来看，水源污染的来源，在各种类型的丁螺繁殖区也是不同的。在沟渠型的丁螺繁殖区，水源的污染主要是农作的施肥，而施肥主要是人粪，因此污染水源的主要是人粪。同稻田关系愈密切，施粪肥愈多的地区则污染的程度愈严重。污染的季节当然同施肥季节是一致的。在广东，每年春耕插秧、中耕除草施肥、晚稻插秧和晚稻施肥这四次是严重污染季节。在草塘型丁螺繁殖区，水源污染不但有季节性，污染的来源各季节也不一样的。在春夏水涨以后，污染水源的主要是渔民和船民的人粪，到秋冬水位退落后，大批的牛只放牧在草塘里，牛粪占这时期及春水刚开始时污染水源的主要地位。就污染的面和污染的严重程度来说，秋冬季节的牛粪污染则超过春夏的人粪污染。当然春夏也有畜粪的污染，秋冬也有人粪（如野粪、渔民粪等）的污染。正如沟渠型丁螺繁殖区虽然以人粪污染为主，但也有畜粪污染是一样的。在草造低田丁螺繁殖区，污染水源的来源则同沟渠型地区一样以农作施肥的人粪肥为主，但就污染的季节说，则只有晚稻的插秧和施肥两次时期是

虫卵的污染季节。水涨时期在这里一般没有船民与渔民，因此人粪的污染机会不大。至于既非低田又非草塘的短期淹浸地区，从毛蚴感染丁螺的角度看，起主要污染作用的只是在水涨前短时期内散落在地面上的野粪。根据现场的观察，这些粪便中人畜粪都有，有的地方人粪较多，如村庄附近，有的地方畜粪较多，如离村庄较远的经常放牧的地方。

讨 论

广东血吸虫病流行区之所以有两种类型，是本省的地理条件所决定的。在沟渠型流行区，从整个面来说，是经过了长时间开发和耕作的熟地，通过整个一年多次的农事活动和深耕细作，使整个面难得保持比较恒定的环境条件，这就不容易形成一种能够让丁螺大量繁殖的环境条件，换句话说，环境条件不允许丁螺作大面积的繁殖和分布；但在灌溉沟、排水沟、田沟等的水道里，由于环境情况比较恒定，因此才有可能逐渐形成适于丁螺孳生的环境，而其中的一部分的沟渠实际上已经孳生和繁殖了丁螺。在游地型流行区，地势的高低，泄洪的难易，雨量的多寡和分布以及水系的情况，决定了每年淹浸时间的长短，而后者又决定了该地区荒废的程度，因此每年淹浸时间较长的荒地，除了成为杂草丛生或灌木林连片的遮阴的环境外，定期性的洪水淹浸还促进了植物的腐烂，丰富了丁螺食物的来源，从整个面来说，洪水淹浸地带是相当恒定地适于丁螺繁殖的地区，因此当丁螺在这里立足之后，凡是水淹到的地方一般都可以有丁螺的孳生。同沟渠型流行区一样，现存的本省游地型丁螺繁殖区只是全部淹浸面积中的一部分，能够成为丁螺繁殖地的淹浸地区当然不止这么多。至于已经开垦的淹浸时间短的地区或已围的但尚未完全解决内涝积水的围造田地区，丁螺虽然基本上仍然保持面的分布，但由于耕作的关系，大部分的地方已经变为不是那么适于丁螺孳生的环境，因此丁螺密度很低，它的死亡率则比较高，在这里只有那些基本上还保持未垦前样子的点和水道，丁螺密度才比较高，从整个面来看，显然是从面积为较的一种过渡分布状态，也就是介于沟渠型与游地型之间的一种类型。

根据丁螺孳生场所的环境条件的分析结果，我们发觉了丁螺孳生和繁殖的环境尽管是各种各样，但也有明显的共同地方。我们认为丁螺必须繁殖在地面情况比较恒定的、有一定食物来源和适当隐蔽条件的潮湿地方，而且每年至少有一个时期能够满足螺卵的孵化和幼螺水生对水的要求。比较恒定的地

商情况是丁螺可以在一个地方立足而不断获得食物来源的重要条件。在一些较大的河道和沟渠，由于水流的冲刷力大，或在一年中某个时期这种冲刷力特别大，造成河床表土不断被冲刷剥落，或者在一些比较低平的地区水流挟带的泥沙不断地冲积在表层之上，这两种情况都使地面不能维持一个比较恒定的表层，丁螺因之无法立足，当然更不容易形成杂草丛生的有一定食物来源的孳生环境。水流急的河道之所以通常没有丁螺孳生者，我们认为主要是由于上述的原因。在广东地区的一些山坑，虽然水流很急，但仍然有大量丁螺在两岸水藤以上孳生，我们发觉这些山坑流经的地方的泥土异常坚实，虽然水流很急，冲刷力很大，但泥层没有显著的变化。上述的裹类似乎说明了水流缓急是决定丁螺能否孳生的直接因素的看法是不够全面的，丁螺的食物来源和比较恒定的环境也有关系。新的腐烂和半腐烂有机物质的不断出现，以及表层低等生物群消长的平衡和维持，这些都是丁螺能够经常获得食物供应的保证。上述条件的满足不一定要有泥土，泥土不是非有不可的丁螺孳生的条件。在广东，我们看见到不少丁螺孳生在住屋附近的全部用砖头或石头砌成的水沟里，而且繁殖得很好，密度很高，在这里除了一些青苔和附着腐烂有机物外，基本上是没有泥土的。至于隐蔽的环境主要是减少日光过度的直接照射和因而造成的地面温度过高，蒸发过快、难于保持潮湿的一种条件，因此，杂草丛生可以满足上述的要求，有利于丁螺的孳生。但应该指出，即使在没有杂草的环境也完全可以满足上述的条件的，也就是说杂草丛生绝不是非要不可的丁螺孳生的条件。在丁螺孳生的环境里，就有许多是没有草的，但却是背阴的和阴湿的。此外杂草的疏密和密度在一个地区决定，可能也说明泥土的肥沃和地面情况恒定的程度，因此表面上看起来，丁螺的密度常同杂草的密度有关，其实中间可能有一些同杂草本身的关系不大。例如在一些废沟和荒沟，杂草很长很密，丁螺密度很高，在一些时常整修的沟渠，杂草短而且稀，丁螺密度也低，这些情况可能主要是因为荒沟的地面情况比较一般沟渠恒定的缘故。潮湿的环境和一定时期的水浸对

丁螺的繁殖来说都是完全必要的，前者是丁螺活动觅食和避免过分蒸发致干毙的条件，后者是螺卵孵化和幼螺生长的条件。

在广东，我们根据血吸虫病流行病学的特点，结合丁螺生态方面的观察研究结果，制订了消灭丁螺方面的策略：在沟渠型流行区主要是结合调整水系、清理沟渠、平整土地及积肥等农业生产措施达到消灭丁螺孳生的水道、或破坏丁螺孳生的环境条件的目的。在沼地型流行区主要是缩小以至于消灭洪水淹浸面积，再通过深耕细作，改荒为熟，以达到彻底破坏丁螺赖以孳生的环境条件。后者在做法上是结合兴修水利、开发荒地、增加耕作面积等农业生产措施。我们认为这才是根本的消灭丁螺的办法。

小　结

（1）本文的研究结果认为广东血吸虫病流行区的分布和不同类型的形成，主要是本省的地理环境条件，如地势、水系和气候所决定的。广东血吸虫病流行区除了增城的一个小乡外全部分布在北江流域。就本流域的地势说，清远以北为丘陵和中等山地，分布在那里的丁螺繁殖地属沟渠型；清远以南为珠江三角洲平原，分布在这平原北部的丁螺繁殖地属沼地型。前一类型有两个大的和一个很小的流行区，后一类型有三个较大的，二个小的流行区。

（2）不同类型的血吸虫病流行区，不论在感染方式或水源污染上都有所不同，而这种不同与所在地的环境条件有关。一般来说，感染方式在沟渠型流行区主要是通过农业生产的活动，而在沼地型流行区则主要是副业生产的活动。就水源污染说，在沟渠型流行区以农作施肥的人粪为主，这种污染同农事活动的季节有关；而在沼地型流行区则以畜粪、特别是牛粪为主，这同水源水洛的牧牛活动的季节有关。

（3）本文详细论述了广东血吸虫病流行区的分布、丁螺面积、受感染人数等几方面的材料，此外还讨论了不同类型流行区的形成，丁螺孳生的环境条件，以及本省根据上述这些研究结果制订的消灭丁螺的策略。

1958 年 7 月 25 日收稿

追思先生

追思徐秉锟先生[*]
——并肩五十年

中山大学生命科学院　江静波

秉锟：在你搬到中山二院不久的今天，我也住进眼科医院来了。你在西，我在东，东西相望；你不能食，我不能看，异病相怜。整整半个世纪中，我们由闽至粤，都在一个城市里。而今我已古稀，你也年逾花甲，都疾病缠身，往事回首，不禁黯然！

我们也有"三同"，就是同学、同师、同行。我想，若我的眼睛全盲了，就将三个在学的博士生全交托给你。而今由于你久病不愈，我的退路被断，忧心忡忡，只能为你的早日痊愈而祈祷！

你常强调，在穗同班同学，一年必须聚会一次，看有否少了哪一个。我想，同班同学中，曾淑云去世后，以我居长，先行者想必是我。因此，每次见面，我都十分珍视，就好像告别一般。哪知今年班会，你却先我离场。在汽车旁替你照下瘦弱的躯体时，不觉无限惆怅！

---

[*] 本文发表于 1991 年 3 月 24 日《羊城晚报》。

　　自我们 1941 年在福建协和大学生物系同班学习至今，刚好半个世纪了。在这个悠长而又短暂的时光里，我们一同经历了两个社会，一起跨越了两个省，一共同学了六个年头。结束学生生活以后，又在同一学校（岭南大学）工作。回忆在岭大研究院时，我们二人不但同拜一师陈心陶教授，而且同时提前毕业。更令人瞩目的是同时被选为斐陶斐励学会会员（即金锁匙奖）。陈师告诉我，这种荣誉获得者此前每年只有一个，而我们却双双被选上了。那时有人说，在陈师指导下，"一门双杰"。后由于院系调整，你到中山医学院，我留在中山大学生物系；你是中山医学院寄生虫研究所所长，我是中山大学生物学寄生虫研究室主任。我们在学术路上走时，就如孪生兄弟一般，这在学术界是不常见的。

　　一个人要活到老，看来不容易。我在 12 岁时，患了伤寒和肺炎，那时不但没有什么盘尼西林，连磺胺药也没有，然而我九死一生地活下来了。我们同在邵武的协和大学读书时，由于鼠疫流行，连我们生物系学生会主席也为此丧生。你我在死亡的威胁中活了下来，这且不说，单说在邵武我们一同生活的一年中，你和我也各自死里逃生过一次。我们遇险的地点也都是在屋后的小河中。那条河有用木栅建成的很宽的拦河堤坝，是借以提高水位的。坝的左侧的缺口，急流由高处倾泻而下，成为险滩。有一次，我猜想木栅洞中可能会有大鱼，就潜入水底，在两条木柱间半头探进去看。哪知我的头钻进后就拔不出来，心里吃惊，再用力一拔，除擦伤了头皮外，口鼻也灌了一次辣酱般的水。在此千钧一发之际，我忽然觉悟到千万不要用力挣扎。于是将头上下扭动，结果就拔出来了。若那时没拔出来，我淹死在水中，你们也不会知道的。事后我们到遇险处检查时，只见两木桩之间只有一处可以允许一个头进出。你表扬我机警，大难不死。另一次轮到你了。那是我们二人一同扶着木栅向出水口走去探险时出现的。将近出水口时，我被急流冲击得几乎站不住脚了，就说：不行，我不能往前走了。你说："真没用，看我的！"于是你就抓住我的肩膀，准备走在我的前面。不料我的肩膀滑，你抓不住，一下子就被急流闪电般冲到出水口去。我来不及叫一声，你就被从水滩顶冲到水滩底去了。我顿时被吓得全身冰冷，以为你一定撞得头破肢断了。可是一会儿却见你在十多米远的地方冒出头来。我连忙问："怎么样了？"你很轻松地说："没事！"可是你到浅滩处站起来时，胸前那道被割破的半尺左右的裂口，就像被外科医生手术刀切开那样，流出血来。我们到滩口一看，可怕极了！因滩下密密地竖立了一条条的木桩，末端都尖尖的。若撞上它们，必死无疑。在相处的短短一年之中，你我就这样各战胜了一次死神。假如我们中有一人遇难，也就不会有我写信给你的今天了。

在邵武一年的时间过去了。随着抗战的胜利，岭南大学迁回广州。我和你都来这里的研究院攻读寄生虫学。我们二人就如上面所说，双双开始我们的学习生涯。我们二人学习的成绩是你追我赶的结果。听说赛跑时，必须有速度相当的两个对手争夺冠军才能创造优良的成绩。我们二人也像在进行一场激烈的友谊赛。当双双到达终点时，就成了学术上的孪生兄弟。此后，我们兄弟俩的"三同"始终没有中断。我们的学术生涯，起初都在岭南大学。你到医学院当陈心陶老师的助手，我留在生物系在容启东主任麾下任教。你从事蠕虫的研究，我从事原虫的研究。但你的研究比我范围更广，除吸虫、绦虫和线虫之外，还在恙螨方面获得辉煌的成就。你的论文也比我多，同时你也显示出远超过我的活动能力和组织才能。你把全国寄生虫学家组织起来完成了巨著《人体寄生虫学》《中国人兽共患病学》等。此外，你还在国内外担任了重要的学术领导职务，如国家学位委员会委员等，还代表我国参加联合国卫生组织的会议。你还显示出在行政领导上的本领。你在任中山医学院副院长期间，为中山医学院发展，为中山医科大学立下了功勋，这些都不是我力所能及的。不过，在国家级的优秀教材里，有你主编的《人体寄生虫学》和我主编的《无脊柱动物学》，这一方面，还是留下我们并肩前进的影子。还有，我们二人都当上了博士生导师，我的博士生论文答辩时，聘你担任答辩委员会主席；而你的博士生论文答辩时则聘我担任答辩委员会主席，也显示了我们在为培养下一代的事业上是携手偕行的。

我你先后进入花甲后，老年病（心脏病）先向我挑衅。此时你我谈话中，你总不厌其烦地把话题转到叫我应如何保养、工作量力而为上面去。直到80年代后期都是你为我的健康担忧。可是，正当90年代快到来的时候，忽然传来你长期住院治疗的消息，而且病因不明。难道我们晚年在"生病"方面，也要你追我赶了吗？老天爷好像在开起我们的玩笑来了！在新近一次我被聘为你的博士生的论文答辩委员会主席时，你的助手们，不少还是陈心陶师的学生，纷纷围着我，诚挚地关怀你我二人的健康。此时，我右眼已盲，举动笨拙，而你也瘦得和当初判若两人，讲话毫无力气。天哪！难道我们双双步入大学的门槛，双双进入科学的园地耕耘，也将双双退出科学的舞台吗？

回忆你在两个月前住"中山楼"十五楼医治时，我偕茂利去探望你。你全无倦容，和我们畅谈你孩童时受折磨的情形。后来，你还说："若时光倒流，任我自选职业的话，我一定从事音乐。"因为你曾被教堂里的乐师誉为"神童"。凡乐师在钢琴上奏过一次的乐章，无论如何复杂，你都能复奏给他听。回来后，我在对学生的一次演讲中，在批评高中就分文理专业时，曾引用了你的话。我说："像徐秉锟教授如此功成名就、国内外都享有盛誉的寄生虫学家，晚年尚且自叹没有人对行，怎么十多岁的孩子就为他选定了事业的终生方向呢？"演讲毕，一个同学跟着我走，他说："江老师，从你写的《师姐》的文才看来，你是否也和徐教授一样自叹当初入错了行呢？"我的上帝！竟有人无意中发现我们都是坐"理"羡"文"的人，连这方面也成双成对了。我们在穗的同窗说我们二人像是孪生的一对，但他们没想到我们对自己潜能的判断还为他们的戏言做了注脚呢！

老死是不可抗拒的规律。我比你年长四岁，照理是我先向你告别。不过，在这方面我们不应该再来一次比赛。因为我们中谁也不愿意看到另一人先走到终点。是吗？

敢于向时代学科发展的方向挑战

——纪念师兄徐秉锟教授

武汉大学医学院　周述龙

1950—1953 年，我在岭南大学（后为中山大学）生物系攻读寄生虫学研究生，导师是陈心陶教授。当时，徐秉锟教授已经毕业并在中山医学院协助陈心陶教授工作，成为教研室骨干力量。在数十年相处中，他全部继承陈师的衣钵，从事传统寄生虫学的研究，包括蠕虫分类、生活史、生态、医学昆虫以及恙螨等，并走向深入。如果说陈心陶教授的《医学寄生虫学》作为我国寄生虫学专业的经典著作，它是专业人员必不可少的参考书，那么徐教授主编的第一、二、三版《人体寄生虫学》在另一种形式上指导专业教师和医学生学习，影响之大、程度之深可想而知。

研究寄生虫整体形态、生态、分类的传统寄生虫学是一个重要的基础，但它客观上存在着弊端，表现在寄生虫分类上的任何领域里，都存在有种间和种内同物异名混乱的情况。20 世纪 80 年代徐教授支持学生探索数学分类，包括聚类分析和排序对并殖吸虫进行了研究，从量上分析它们之间的独立性和连续性，更科学地反映出生物种的真实性。个人认为他之所以有这种感悟，在于他具备了坚实的传统寄生虫学的基础，不墨守成规，敢于向科学发展的方向提出挑战，这种精神值得我们钦佩。尽管数学分类的基础仍然在形态学上，但已经从传统的寄生虫学的框架里跨出一大步，促进从"表型"分类迅速转向分子生物学的"基因型"分类发展。目前，在我国开展寄生虫基因 DNA 序列分析方兴未艾，这与徐秉锟教授的倡导分不开。

话说回来，科学是历史的累积，在一定程度上反映了一个国家科学水平和国力的强弱。我国国土辽阔、生物资源十分丰富，有的资源正待开发，有的尚处于未知状态，特别是在传统生物学、寄生虫学等方面。另一方面，我们又面临新时代对科学所掀起的分子生物学的浪潮，所有涉及生命的科学都面临着新的挑战，关键在于专业学科如何在健康道路上发展，徐秉锟教授在这方面为我们树立了榜样，敢于迎接挑战。他在牢固的传统专业基础上，积极开展分子生物学的研究。他生前大声疾呼、身体力行。我们对他这种敢于面向时代科学发展方向的挑战的精神，肃然起敬！

勇于探索、勤于实践

——深切崇敬与怀念徐秉锟教授

首都医科大学　　陈佩惠

1944 年，当我刚刚进入福建协和大学生物系就读不久，便知道本系大四的徐秉锟是学长中的佼佼者。

我下决心选择寄生虫学作为自己毕生的事业，是在 1951 年。从此，我开始在各类专业报刊上关注这位早已从事寄生虫学科教事业的学长发表的科研论文。渐渐地，我领略到他的才华和风范。他的科研思路新颖、兴趣广泛，既重视基础研究，也注意联系实际；他勇于探索，勤于实践；他的科研成就和科学作风，令我肃然起敬。

但是，我真正接近徐秉锟学长，还是 20 世纪 80 年代，在认识他 40 年之后。那时他继第一任主编后又连任卫生部组织编写全国高等医药院校《人体寄生虫学》教材第二、三版的主编，我有幸先后参加这两版教材的编写组，因而有较多机会接近他、了解他。他那思维敏捷、富有创见的才智，他那精力充沛、执着投入工作的热情，他那善于团结和发挥集体力量的人格魅力，给我留下了深刻印象。由于徐教授的学识水平与组织能力很高，他主编的第二版和第三版教材获得"全国高等学校优秀教材奖"（1988）和"国家级教学成果奖"（1997）。徐教授不愧是我国高等医药院校《人体寄生虫学》教材的奠基人，他对该学科教材建设功不可没。

我的学长——徐秉锟教授献身于我国人体寄生虫学科教事业，鞠躬尽瘁。他留给我们的精神财富永远闪耀着智慧光芒。

不断创新是他毕生的追求

——回忆徐秉锟教授二三事

南京医科大学　沈一平

1960 年代初，我在中山医学院寄生虫学教研室师从陈心陶教授学习吸虫分类学时，认识了徐秉锟教授。在过去与他经常交往的 20 多年中，深受他的鼓励和教益。当时徐秉锟教授是教研室唯一的副教授，他经常来"五楼"（进修生、研究生的学习室）看望大家，了解学习情况，并为我们解决了不少学习上的困难问题。他平易近人、乐观豁达，又很风趣，所以大家跟他无话不谈。为帮助和指导我的学习，他曾将在禽类中发现并鉴定的一新种命名为徐氏背孔吸虫（Notocotylus hsui, Shen et Long, 1965）的标本给了我。

徐教授思想活跃，对新事物敏感，接受快，勇于创新。他主编我国第一版全国统编教材《人体寄生虫学》时，我分工编写"幼虫移行症"章节。当时国内资料较少，对"paratenic host"一词尚无统一译名，我经反复思考提出译为"转续宿主"含义较为确切，他和当时参加讨论的编委均表示同意，从此这一名词一直沿用至今。

有一次在参加一个专业会议时，我和徐教授住一个房间。在空闲时我们一起散步，我顺便请教他一个问题。我说当前（大概在 1970 年代早期）肠道线虫感染在农村非常严重，因我当时在搞姜片虫、肺吸虫的调研工作，发现农民粪便中镜检到的肠线虫卵几乎布满整个视野，实在太严重了，是否可以搞这方面的课题。他说从社会发展的角度看，将来随着社会的进步、社会卫生设施和环境以及人民生活的改善，这些寄生虫病将会逐渐减少，我触动很大。所以后来，我对这一课题的研究是以探索有效的、综合的防治对策来加速对这类寄生虫病的控制。

在与徐教授的许多次接触中，我深切地体会到，他对我国寄生虫学的教学如何更多、更快地融入新的内容有非常迫切的期望，这些在他研究生培养和主编《人体寄生虫电镜图谱》以及其他工作中充分体现了出来，使我受益匪浅。

痛哉！徐教授"英年早逝"，还未到 70 岁就与世长辞了，确实是我国寄生虫学界的一大损失！我们要学习他为寄生虫学事业勇于实践、不断创新、毕生奋斗的精神，这是对他最好的怀念！

亲切怀念徐秉锟教授

华中科技大学同济医学院　石佑恩

　　徐秉锟教授是我国著名的寄生虫学家，自 20 世纪 50 年代初即以极大的热情和充沛的精力进行寄生虫病的调查研究和防治工作。为解决和防治广东省血吸虫病和恙虫病的问题，他不怕劳累，深入现场，做了大量工作，为防治疾病、促进广东医疗卫生事业的发展建立了不可磨灭的功绩，赢得广大群众和寄生虫学界的崇敬和爱戴，获得国家级表彰。

　　几十年来，徐秉锟教授在教学、科研工作中取得了显著成就，学术造诣很深，是国内外著名科学家、教育家。他为人十分谦虚和蔼，待人诚恳，热爱学生。每次学术报告或讲课，他那学者的风度、渊博的学识、生动而精辟的讲解给我们留下深刻印象。他对自己要求严格，对工作极端负责，对事业执着追求，为我们树立了榜样。他十分关心青年一代的成长，记得当年我从国外学成归来，到广州见到他时，他亲切询问我的学习工作情况、取得的成果和今后打算，谈话中不断给予肯定和鼓励，教育我们在科学研究中要有"成于思，毁于随"的科学信条，要开拓创新、不墨守成规。在他的影响和指导下，我们开始进行寄生虫免疫学和分子寄生虫学研究工作，并不断取得进展。他积极倡导的勤奋实干、深入现场和亲自动手的学风我至今仍深深铭刻于心。

　　谨以此文表达对恩师的教导将永远铭记在心头之意！

敬爱的严师，亲爱的兄长

中山大学中山医学院　李桂云

（根据李教授口述，由吴瑜整理）

1955 年，作为新中国成立后第一届研究生，我到中山医学院寄生虫学教研室学习，导师是陈心陶教授。徐秉锟和蔡尚达老师同时指导我进行教学和科研工作。江静波、徐秉锟、蔡尚达是陈心陶教授的第一批大弟子，其中徐秉锟是其医学领域的得力弟子。当时徐秉锟和药理学教研室吴秀荣为学院优秀教师，提前晋升为副教授，故我们称陈心陶、徐秉锟、蔡尚达为陈教授、徐教授、蔡先生。教研室有教师、研究生、进修生，总共近 50 人。每周一上午教研室开周会，安排一周的工作任务，柯小麟院长、周寿恺副院长等学院领导经常参会。教研室的工作重点是血吸虫病防治，徐秉锟教授承担很多疫区现场工作，经常下乡驻点。1985 年广东省举行消灭血吸虫病庆功大会，陈心陶教授获得头功，徐秉锟和余炳桢教授获得个人奖，教研室获得集体奖。

徐秉锟教授治学严谨，诸事亲力亲为。他的授课兼具科学性和趣味性，很受学生欢迎。教研室要求研究生参加教学和科研工作，徐秉锟教授要求我们每次上课要准备讲稿，提前 20 分钟到达教室做准备，不能边走边穿白大衣进教室；随身带上锤子和钉子备用，以防教室没有钉子挂挂图。实验室要求整齐洁净，物品用完归位，做错会被批评，以至我们关灯后都能准确找到酒精等物品的位置。我们将这些严格的要求传给自己的学生，形成了教研室的优良传统。

徐秉锟教授思维活跃、善于创新。他和蔡先生一起在寄生虫学楼后面的空地上设计创建了生活史池，将钉螺养殖实验与自然生态相结合，实属全国首创。

20世纪50年代，中越边境暴发恙虫病。国家需求引领科研方向，受卫生部委托，微生物教研室的白施恩教授开始研究恙虫病的病原体立克次体，徐秉锟教授研究恙虫病的传播媒介恙螨。徐秉锟教授开展恙螨区系调查、现场和实验种群生态学防治，以及恙虫病病原生物学和流行病学研究，解决了媒介恙螨滋生地的分型、分布规律、媒介种群数量动态和恙虫病流行的关系等课题，建立了恙虫病流行的预测预报理论和实践，为消灭广州地区恙虫病的流行做出了贡献。

徐秉锟教授尊重师长、孝顺母亲、心怀感恩、爱护后学。他的父亲早逝，母亲在教堂做清洁工抚养兄弟三人，家境困难。因为感念母亲的恩情，每当知悉同事母亲生病时，他都及时帮助其协调工作，予以其假期照料家人。徐秉锟教授生病住院期间，教研室师生轮流到医院陪护。他说头疼时母亲按摩他额头他就睡着了。我们就经常轻轻按摩他的额头，期望能缓解他的病痛。1991年4月27日，他怀着对母亲的思念，又回到了他母亲的身边。

虽然徐教授离开我们已有30多年，但他对亲人、同事、学生的关怀与热爱使我们终生难忘！徐教授永远活在我们心中！

著书立说　泽被后世

中山大学中山医学院　连德润

（根据连教授口述，由吴瑜整理）

徐秉锟教授是我最尊敬的老师之一，担任他 10 年助手的经历，是我宝贵的人生财富。

1959 年，我从中山大学生物系本科毕业。在广州工作一年后，我被派往海南医专支教。当时海南属于广东省，中山医学院在汕头、湛江、佛山等地区设置分院，在海南地区设置医专。江静波教授是我的大学老师，所以我在大学期间就认识江教授的同门兄弟徐秉锟教授。但真正熟悉徐教授是在 20 世纪 70 年代参加全国统编教材广州定稿会期间。当时大家都帮忙抄稿，我作为生物系专业学生有过绘图经验，便问徐教授："我可以画生物图，可以不参加抄稿吗？"徐教授说："好啊！正缺人绘图呢，现在只有湖南医学院一位绘图师傅。"于是，我就跟绘图师傅学习绘图，绘制教材生物图。

1975 年 7 月至 1976 年 7 月，我参加中山医学院全国高师班。徐教授亲自教学。他讲课深入浅出，内容非常丰富，总论部分讲了一周，我的笔记记了一大本。培训期间，徐教授带我们到省外寄生虫病流行区调查实践，如血吸虫病流行区湖北石首、肺吸虫病流行区河南开封附近山区。调查实践过程中，徐教授非常关心基层寄生虫病工作人员，他详细听取工作人员对当地疫情的汇报，如钉螺分布面积、人感染率、牛感染率等。徐教授记忆力非常好，小结时可以一字不漏地复述疫情数据。我非常震惊，问徐教授："为什么您的记忆力这么好？听完一次就记住了？"徐教授说："这是小时候训练出来的。那时我妈妈带着我在福建古田的教堂做工，教堂里演奏的钢琴曲我听过一次就可以弹出来。"可惜我没有欣赏过徐教授弹钢琴。

原计划到海南支教 1 年，结果我在海南医专工作了 22 年，从开始的一无所有到组成 6 ~ 7 人规模的教研组。我们主要从事疟疾的防治工作。海南的山区、少数民族地区和农村有恶性疟、间日疟、三日疟、卵形疟流行，其中恶性疟最严重，也有一些裂头蚴病例。

因为家庭原因，我家有 4 个 80 多岁的老人、2 个幼小的孩子在广州，生活需要照顾，我便申请调回广州工作。当时徐教授担任中山医副校长，分管学校科研工作，同时担任广东省寄生虫学会理事长、广东省动物学会理事长，以及参与国内外其他学术机构事务，工作非常繁忙。徐教授希望我回广州担任他的助手，协助他编写专著。1982 年底，我回到中山医寄生虫学教研室，担任徐教授的专职助手。名为助手，但我自我感觉是徐教授的学生。徐教授是工作认真细致、耐心的好老师。在他的教导下，我学习了很多新知识。

徐教授计划编写 10 本专著，但因身体原因愿望未完全实现。第一本专著是《中国人兽共患病学》，徐教授设计编写框架后，请全国同行分工编写，收稿后他再批阅修改。他自己编写前言部分。第二本专著是《英汉医学冠名名词词典》，这本词典编写工作非常烦琐，需要阅读大量书籍收集词条。我在图书馆查找全部书籍中的词条，做成卡片。徐教授将词条分给全国同行进行注释，收回后再批阅修改。第三本未完成的专著是《寄生虫病病理学》，此工作对临床病理学鉴定有指导意义。病理学教研室的临床资料丰富，有很多大体和组织切片标本。我带着显微镜在病理教研室工作了 4 个月，查阅病理记录、观察病理切片，收集寄生虫病病理资料。如果该书出版，以后病理教研室就不需要送标本到我们教研室鉴定，他们可以自己解决问题了。可惜又出现新情况，这本书的出版计划暂时搁置了。

当时广州出现一些艾滋病患者，不少人因为合并感染卡氏肺孢子虫而失去治疗机会。徐教授敏锐地察觉到临床需求，想招收博士生深入研究卡氏肺孢子虫，但需要先采集病原体做一些预实验。我对卡氏肺孢子虫没有认识，仅在文献上了解过，又没有机会接触艾滋病患者。徐教授思维敏捷，他想到艾滋病患者免疫力低下，儿童医院的患儿免疫力也低下，有可能存在卡氏肺孢子虫感染。于是，我联系儿童医院病理科，请他们保留患儿肺门部位组织，我每周取一次标本做印片、染色镜检，但几个月均未发现卡氏肺孢子虫。通过大量阅读文献，我找到用激素注射大鼠构建感染卡氏肺孢子虫动物模型的方法，这次终于成功了。在此基础上，徐教授的博士生、我的硕士生和刘启文教授的研究生都开展了卡氏肺孢子虫相关研究工作，取得了很好的研究成果。后来这个实验也应用到本科生实验教学中。

除了传道授业解惑，徐教授还关心群众疾苦。当时三水的血吸虫病已得到控制，但顺德还流行华支睾吸虫病、新会流行姜片虫病，他经常带领教研室师生调查各地寄生虫病流行状况、指导防治工作。徐教授在基层寄生虫病防疫人员中的威望很高，大家有技术困难总是向他求教。在海南寄生虫相关调查期间，当地工作人员说很多寄生虫都不认识。徐教授同意对方派工作人员来教研室学习，并买了点心在家里热情招待他们。我和李道宁老师负责技术培训，教他们识别常见的寄生虫标本，使他们顺利完成了海南寄生虫相关调查任务。

1990 年，徐教授的身体健康每况愈下，甚至需要住院治疗。住院期间，教研室师生每天轮流到医院陪护。我也每天往返医院，协助他处理《中国人畜弓形虫病学》稿件。很多基层寄生虫病防疫人员从河南等地来到广州医院看望他。1991 年 4 月 27 日，他永远离开了我们。我与徐教授的夫人邓漪平教授一起办理后事。各大高校同道、各级寄生虫病防疫部门人员都来参加追悼会，请我们代写挽联，人数众多，以至我们 7～8 个人都忙不过来。大家都痛惜他英年早逝，追忆他的博学儒雅。

现在我已退休 20 多年，但徐教授在学术和做人方面的教导仍然让我铭记在心，我永远怀念他！

成于思毁于随　勇于开拓创新

中山大学中山医学院　陈观今

徐秉锟，福建古田县人，生于 1923 年 12 月 12 日。6 岁时父亲久病去世，母亲背着一身债，艰难地养活着徐秉锟兄弟三个。小小年纪，徐秉锟便被送去中药铺当了学徒。后来，他终于有机会和弟弟一起随哥哥上了学堂。读至高二时，日本飞机扔下的炸弹夺去了他母亲的生命。

1941 年，徐秉锟考学成绩优异，以至几所大学同时录取了他。因为生活贫困，他接受了福建协和大学一年 300 块大洋的福建省政府奖学金，开始攻读医科预科。

在学校里，徐秉锟的兴趣十分广泛。他爱好文学，曾给报社副刊写过 200 多篇文章，换来的稿酬还可以贴补日用开销。他喜欢戏剧、音乐，后来还当过业余导演。

他在福建协和大学获理学学士学位后，与江静波一起考入岭南大学成为陈心陶教授的研究生，专攻寄生虫学。1948 年获硕士学位，因成绩优秀而被选入斐陶斐励学会（金钥匙奖），并留在岭南大学医学院任教。新中国成立后，他在中山医学院任教，后晋升为副教授和教授。

作为我国著名的寄生虫学家，徐秉锟教授全程参加过广东省血吸虫病防治过程，进行了血吸虫病流行病学、钉螺生态学、灭螺方法试验以及华南地区终止血吸虫病流行策略的研究等。通过疫区人民和全省"血防"干部的努力，广东成为全国第一个终止血吸虫病并能巩固成果的省份。1985 年，他获得国家防治血吸虫病立功奖。

徐秉锟教授还主持了控制恙虫病在广州地区流行的生态学研究工

作，建立恙虫病流行预测预报系统。经过防疫部门、科研人员和全市人民的努力，恙虫病终于在广州终止了流行。1978 年，他获得国家科学大会奖。

40 多年来，他总是出现在那些偏僻、污浊的地方做实地检疫。长期的科学研究使他总结出一整套治学和研究的科学规律。他提倡"正读反思"。"正读"就是正确理解，"反思"就是大胆怀疑。他强调要有勇气站在自己的对立面，克服主观性，"使思考问题周密严谨起来"。这样就可以总结经验教训，为下一步的进展提出更完善的科研设计，以减少失误。他对实验进行细致的观察、客观的记录，并反复思考，绝不轻率从事。这就是他推崇的"成于思，毁于随"的科学信条。不墨守成规，勇于开拓创新，也是他的学术指导思想。在他的带领和影响下，传统的寄生虫学研究开始转向分子寄生虫学方向发展。

徐秉锟教授从 1955 年开始培养人才，先后有近百人得到他的指导，其中多人已成为有所作为的寄生虫学专家。1981 年，他被国务院学位委员会批准为首批博士生导师，招收和培养博士研究生 5 名。

徐秉锟教授在教学、科研工作中取得了显著成就，学术造诣深，是国内外知名的专家。故此他先后受卫生部和人民卫生出版社的委托主编高等医科院校的《人体寄生虫学》教材一、二、三版，以及《英汉医学冠名名词词典》《人体寄生虫电镜图谱》《寄生虫学和寄生虫病词典》等。其中《人体寄生虫学》第二版获 1988 年全国高等学校优秀教材奖，第三版获国家级教学成果奖二等奖。他和另一学者共同主编《中国人畜共患病学》，并任寄生虫学参考书《人体寄生虫学》的副主编。从 1979 年起，他创办和主编了《广东寄生虫学会年报》。

1978 年以来，徐秉锟教授经常参加国际学术活动，多次出席在瑞士、菲律宾、日本等国家召开的各种学术会议，代表中国和西太平洋地区的国家参加国际科学机构和组织的规划制订、审查等工作，调研并考察了一些国外地区寄生虫病的防治等。

徐秉锟教授曾经是联合国热带病研究和培训特别规划署联合协调委员会委员、世界卫生组织腹泻病控制规划委员会成员、世界卫生组织西太平洋地区血吸虫病指导委员会委员、中山医学院副院长、全国血吸虫病科研委员会副主任委员、广东省热带病研究所副所长、中山医学院寄生虫学教研室主任；全国高等医药院校教材编审委员会委员兼《寄生虫学》编审组组长、第一军医大学名誉教授、国务院学位委员会学科评议组成员、基础医学 1 组召集人和西医专家小组成员、全国寄生虫病专家咨询委员会副主任委员、中国寄生虫学会副理事长；英国皇家热带医学和卫生学会会员、广东省科协副主席、广东省寄生虫病研究委员会主任委员、广东省寄生虫学会理事长、中山医科大学寄生虫学研究所所长。

正当徐秉锟教授在国家自然科学基金和广东省自然科学基金资助下进行科学研究和大量培养博士和硕士研究生之时，1991 年 4 月 27 日 20 时，只有 68 岁的他过早地与世长辞。这是我国寄生虫学界的一大损失，然而他留下的 150 多篇论文及 500 多万字专著，永远闪耀着光芒。

谦虚谨慎，踏踏实实做人和写文章

——忆秉锟教授教导二三则

中山大学中山医学院　　詹希美

　　我在攻读硕士、博士期间的导师均是徐秉锟教授。提起徐秉锟，认识他的人都知道他是一位博览群书、学富五车、在寄生虫学界享有盛誉的大家。他所兼的头衔一大串，头上光环一大圈，但他从不以此为夸耀，与人相处时总是"低调"，更不居高临下。他的优秀品质很多，而他给我印象最深的是通过言传身教体现出来的谦虚谨慎、踏踏实实做人和踏踏实实写文章。

　　徐教授要求我们写文章要实事求是、不哗众取宠。记得我在写硕士论文时，他在修改论文结论部分加了4个"可能"和2个"似乎"。当时我不理解，心想自己辛辛苦苦做了二三年怎么就成了含糊不清的结果。请教徐教授，他告诉我："尽管你做了不少的工作，但你的取材不多，与自然界中存在的寄生虫相比，微不足道，所使用的方法也只有两三种。因此你所得出的结论也不一定很准确，也只能是'可能'或'似乎'。"他又说："只要你把实验及结果如实地反映出来，评价者不会因为你写了'可能'或'似乎'就认为你的文章水平不高。恰恰相反，人家会认为你的文章与事实更为相符，更加相信你。"重翻徐教授的文章，也确实如此。他写文章的格调，确实值得我们学习。

　　谦虚谨慎是他教导我们的处世原则之一。记得在硕士论文预答辩会上我很紧张，因是"文革"后的第一届研究生，从未参加"预答辩"，不知道自己该怎样应对。而徐教授因开党委会未能来参加。当时在预答辩会上我被老师们提的问题搞得很窘，认为有些问题是有意刁难，思想上有些想不通。会后有老师向徐教授汇报预答辩的情况。他找到我，对我说："你在这两三年虽然做了一点工作，但这仅仅是'研究'的入门。很多东西你还不懂，老师们提的问题是有道理的，踏踏实实地、虚心向他们学习。"又说，"答辩会不是辩论会，而有点像法院，你处于'被告人'位置，需把问题讲清，而不管人家问什么。只要你把懂的东西讲清楚，即使有些问题不懂，人家也不会为难你。"导师的话使我豁然开朗，我遂调整心态，终于顺利通过正式答辩。

徐教授不但要求我们谦虚谨慎，而且他自己也确实是这样做的。我与徐教授有 7 年的师生情谊，毕业后我仍留在教研室工作。在与他相处 13 年的时间里，我从未听到过他夸耀自己的话，听到的却是他说自己不足的东西。记得在 1987 年我获得博士学位后，我有空来做其他的事情，本来早就想将徐教授发表的文章收集起来，免得要查找时到处翻寻。我把这一想法告诉徐教授，没想到徐教授却说："我写的文章很多都已过时，有些一想起来就脸红，如果有时间我要重做实验重新写文章。""山不言自高，海不言自深"，尽管徐教授从没言及自己的成就，但他对科学的贡献却永远长存于寄生虫学界，永远记在人民心里。

学校要求每位导师留一句格言放在网上。我想了一下，还是将徐教授身上体现出来的、对我们影响最深的优秀品德"老老实实做人，老老实实写文章"写上，让吾辈及后辈学习与继承。

附：徐秉锟教授真迹一页。

博士生课程考试成绩评定表

姓　名	詹希美	学科、专业	病媒生态学	指导教师	徐秉锟
考试科目	病媒生态学			考试日期	85年5月

考试内容及范围（摘要）：

　　病媒生态学的概念及进展：包括生态的基本概念，病媒生态研究的方法，病媒生态学和病媒流行病学的相互关系，病媒生态学的各个领域的进展。

追忆导师

——纪念徐秉锟教授诞辰 100 周年

中山大学中山医学院　余新炳

徐秉锟教授是我的研究生导师。徐老师离开我们 32 年了，他的音容笑貌、专注神情，至今在我脑海里浮现。今年是他老人家诞辰 100 周年，回想在他门下的求学经历，思绪万千。

他国内外学术兼任职务很多，周末和节假日很少休息。他从不空洞说教，总是以自己的言行感动和启发别人。他跟我谈过很多话，每次谈话我都受益良多，尤其是下面三句话为我今后几十年的科研工作指明了方向。

第一句，寄生虫病研究要到流行区做。

我于 1982 年初进入中山医科大学读硕士研究生。到中山医科大学寄生虫学教研室以后，徐教授找我谈了一次话，其中让我记忆最深的一句话就是："寄生虫病研究要到流行区做。"

随后我发现，我们教研室的老师、同学很多时间都是在乡村各个流行区现场学习、工作。这让我明白了一点，只有了解寄生虫病流行概况和它的生态，才能更好地开展随后的研究。读硕士期间我去了广东省 13 个市，总共在流行区待了十几个月，在各个流行区解剖各种动物，包括鱼、猫、蟹以及鸟类。

入学 8 个月后，徐老师把我转给了柯小麟教授，做柯老师的硕士生。柯老师主要从事微茎类吸虫生态和分类研究，他也像徐老师一样有亲临现场的习惯，先后带我去过湛江、阳山、韶关、梅州等地。当年教研室的李桂云教授听说大瑶山隧道那里修铁路的工人暴发流行肺吸虫病，她也亲自带领我们去现场采集溪蟹样本了解流行情况。以徐老师为代表的一代老教授亲临寄生虫病流行区的传统一直保留至今。

第二句，寄生虫分子生物学是未来的主要研究方向。

1986 年我考上博士生，当问导师徐教授我的博士论文做什么内容的时候，徐老师给我说了一句话："做分子生物学，寄生虫分子生物学是未来的主要研究方向。"听完后我有点蒙，因为当时对分子生物学一点基础都没有，我读硕士期间，主要是做生态学、分类学、流行病学，对分子生物学了解很浅。听了这句话，我在图书馆待了 70 多天，把寄生虫分子生物学相关的国内外文献大概浏览了一遍，写了 5 篇综述：一是寄生虫同工酶研究；二是寄生虫染色体研究；三是寄生虫免疫学研究；四是寄生虫 RNA 的研究；五是寄生虫基因和遗传研究。我把近1000 页稿纸的 5 篇综述递到了徐老师手上，心里想，老师可能要看一段时间。正准备离开，谁知道徐老师把我的 5 篇综述翻了一下，看了 5分钟左右对我说："做 DNA 或 RNA 吧。"看来徐老师心里早就决定了，但是我却很茫然，一是我自己一点基础都没有，二是中山医科大学当时做这方面研究的人很少。徐老师似乎知道我的想法，说："在哪里做，先自己想想办法再说。"我随后通过不同途径了解到，RNA、DNA 和蛋白质做得最好的是中国科学院上海生物化学研究所。我胆怯地给上海生化所副所长祁国荣教授写了一封信，想在他那里做寄生虫 RNA 研究的博士学位论文，不曾想，祁教授一口答应了。这给了我一个非常好的学习机会。

1986 年 9 月，我去上海生化所学习。两个多月后，徐老师到上海开会期间去生化所，从徐老师和祁国荣教授的谈话，我发现他们早就熟悉，难怪我写一封信祁教授就同意我去学习。那次谈话，徐老师跟祁教授说，做博士学位论文只是一方面，希望余新炳抓住这个机会在分子生物学各方面技术上打好基础。当时上海生化所有 36 个课题组，祁教授带我先后到 30 个课题组学习了相关技术。

第三句，寄生虫病预防和监测是今后的工作重点。

1990 年 10 月份，我的博士学位论文答辩后，徐老师的身体一天比一天差，一直到他去世前的那几个月，我花了很多时间陪在徐老师病床旁。这是近八年来我与徐老师交流最长的时间。徐老师给我谈了很多，国内国外的、专业和非专业的、做人和做事的。其中有一段话我至今都记得很清楚，他说我们搞寄生虫病研究的，以前主要是重视寄生虫宿主、流行、致病、治疗，高校研究人员与防疫专业人员联系不密切，容易导致高校的研究与防疫的需求脱节。徐老师的话引起了我的深思，包括我在内，的确有很多为发表论文而不结合重大寄生虫病防控需求的研究。徐老师还说，我们教研室一直与广东省卫生防疫站联动，一起参加寄生虫病防控工作，大家对广东的寄生虫病流行现状很清楚，但是全国的情况很多人就不是很了解。我们是国家重点学科，目标要面向全国重大寄生虫病防控问题，徐老师希望我以后在这个方面下功夫。老师的话引起了我的高度重视，于是我立即申请加入中华预防医学会寄生虫病分会，先后担任学会的委员和副主任委员。为了集中精力，我辞去了所有其他学术兼职，依托这个平台，我和全国的卫生防疫站（后来改名为疾病预防控制中心）尤其是省一级防疫站的专家交流比较密切。30 多年来，通过多种工作形式，我走遍了全国 31 个省市，对各地重大寄生虫病流行及防控现状有了基本了解。

徐老师还说，全国大范围大人群的寄生虫病（包括血吸虫病和疟疾）防治阶段即将结束，以后的主要工作重点，尤其是研究重点要放在预防和监测方面。所以从那时开始，我的研究转向重大寄生虫病诊断和疫苗方面。后来全国寄生虫病防控策略的改变充分证明了徐老师的先见之明。

　　徐老师培养学生，关注其智力的开发、视野的广阔、思路的拓展、胸中的格局，这一点一般导师很难做得到。我后来也做了研究生导师，陆续带过 200 多名硕博生，发现与徐老师相比起来还是差得非常远。

　　我跟徐老师那么多年，做过他的硕士生，又做过他的博士生，很少有机会和他一起拍照片。一是徐老师一直非常忙，难得有机会；二是我有点怕徐老师，不敢随便提出拍照的想法。在博士学位论文答辩的时候，为抓住机会，我专门请了我的好同事梁炽老师和我的好同学陈发凯博士两个人帮我拍照。但非常奇怪，两部照相机拍的照片居然一张都洗不出来。至今，我与徐老师的合影照片一张都没有，成为终生的遗憾！

是你举起了我

——深切怀念恩师徐秉锟教授

安徽医科大学 沈继龙

在我的书房里，"全家福"的旁边是一张与徐秉锟老师的合影。这张照片已经静静地放在那里整整 33 年了。照片虽然有点泛黄，但是我一直珍藏着，因为它太珍贵了！

徐老师素日很少单独留影，更不用说拍摄摆 pose 的照片了。我们所见到的大多是他在学术会议、间或行政会议上的合影。每当看到这张照片，导师生前的音容笑貌，便浮现在眼前……

我认识徐老师，道家认为是天意，佛家称之为缘分，哲学家说是偶然中的必然，民间谓之命中注定吧。说是认识，其实只是熟悉他的名字。那还是在 1978 年，我刚"闯入"寄生虫学专业的第一天，教研室主任樊培芳教授给我的第一个任务，便是一年之内熟读《人体寄生虫学》教材，通读参考书 *Clinical Parasitology*；再就是每天抱挂图、擦黑板、当助教、准备实验课等。次年我参加了卫生部高级师资培训班（上海第二医学院，今上海交大医学院）。1980 年后，即便在读硕士研究生期间，也是把徐教授主编的首版高校统编教材《人体寄生虫学》当作"圣经"研读。从这本书里我才知道，医学寄生虫学不仅仅是研究"蛔虫"——那个自己曾经感染过的、亲眼见过的记忆中的寄生虫，还涉及生态学、进化生物学、流行病学、免疫学、病理生理学以及临床诸多学科专业。

此后，徐秉锟这个名字，连同他后来主编的若干版本教材和专著，便成为我的学业和专业生涯中最仰慕的"logo"了。1982年暑期，我从山东医学院（今山东大学齐鲁医学部）硕士毕业，有幸参加了教育部委托中山医学院在汕头医学院（今汕头大学医学院）举办的暑期基础医学高师班。之所以去参见这个培训班，主要原因之一是期待聆听学界大V的授课，期待的正是仰慕已久的徐秉锟教授。在一个月的学习期间，我被徐老师博学睿智、深邃严谨和勤奋敬业的精神深深感染了。原来天下苦虫久矣，寄生虫病这个古老的传染病曾将亿万生命送进了坟墓！在此领域勤奋耕耘同样可以创造杰出的业绩。寄生虫学与寄生虫病防治领域背后"有山有海"，这一本"山海经"足以值得自己为之奋斗一生，我更希望自己在前进的道路上，能有徐秉锟教授这样的老师指引。

四年之后，我的愿望终于实现了。我收到了博士入学通知书，当时心里怦怦直跳。可紧接着，又左右为难了。我获得了卫生部SASAGAWA医学奖学金的资助，不久将被选派到日本研修。双手拿着两个录取通知书，是南下广州，还是东赴日本？我一夜辗转反侧。都说鱼与熊掌不可得兼，可是，鱼，我所欲也；熊掌，亦我所欲也，一时举棋不定。为难之时，我怀着忐忑的心情，南下广州去征求导师的意见：我想先去留学，回头继续博士学业，如此可望在博士论文研究中有所建树，这样一共4年时间。可是，导师会同意吗？

当我见到徐秉锟教授时，却一时语讷，不知如何启齿。徐老师见我低头不语，便婉转微笑道："来广州生活适应吗？早餐的鱼头稀饭习惯吗？"我支吾了一声，言不由衷。于是壮了壮胆子，提起我那"鱼和熊掌"的想法。我等待着徐老师诸如"二者不可得兼"，或"有得必有失"等的劝告。

"为什么一定要非此即彼呢，亦此亦彼不可以吗？"徐老师平静地说。我一时蒙了，不知徐老师想说什么。"你手里有两个通知书，那就先来后到吧。博士入学在前，以后出国时间到了，你就去日本，在日本完成你的博士论文研究。回国后，在中山医继续实验，毕业获得博士学位。"

我惊讶了，很是兴奋，张着嘴，半天说不出话来。一石二鸟？我连想都不敢想。当然，这是导师对我最好的安排，因为只需三年时间我便可完成博士学业。最后他又叮嘱了两句："本来想让你学习法语作为第二外语，既然如此，你就选修日语吧。还有，你还是回国拿学位比较合适。"他又强调了一句。我连连点头，眼眶发热，有点模糊。

于是，我踏入了中山医科大学（现中山大学中山医学院）寄生虫学楼，与师弟余新炳一起，成为国务院学位委员会委员徐秉锟教授的第二届博士研究生。我为自己骄傲，也感到无比荣耀！从中山二路的学校正门拾级而上，深绿的校园，砖红色的行政楼衬托出古铜色的中山先生塑像——我踏进了医学和寄生虫学教学与研究的圣殿，开始了三年的研修兼"朝拜"。那时，我信心满满，在这样的"大庙"里"念经"，即使左顾右盼，轻松也能获得"真经"！

事实上，我错了！

那缘于一次在图书馆的相遇。一个夏天周末的午后，我在图书馆里阅读文献。广州的夏天有点闷热，阅览室的电扇不给力，即使坐着不动也会汗流浃背，所以书库少有读者。突然，书架里角传出书本掉落的声音。我起身过去，眼前一亮：那是徐老师的背影！他面前堆着一摞期刊，一旁放着许多小卡片。徐老师一边看文献，一边不停地写着。他略显弓背的上身穿着一件泛黄的背心，后背破了一个大洞。背心浸透了汗水，紧紧地贴敷在后背上。我感到有些惊讶！徐秉锟教授，中山医科大学副校长，改革开放后医学本科第一版《人体寄生虫学》教材主编，竟然如此地努力拼搏，忘我地工作，这让本以为可轻松度过未来三年时光的我，感受到了一种心理上的震撼！我不好意思打扰他，可是那带着破洞的背心、满头大汗低头读书的背影，让我至今记忆犹新，激励着我学习不止、耕耘不辍。

1988 年 9 月，我在日本的留学结束后，兑现了对导师的承诺回到了中山医科大学，又钻进了那栋寄生虫学楼。次年年底，我顺利完成博士论文答辩。毕业后何去何从，这于我又是一个选择。徐老师其实很希望我留在中山医任教，甚至将他自己的办公室腾出，为我张罗留校事宜。当我解释并说明理由，想回安徽工作时，他又欣然同意。他说安徽是沿江农业大省，寄生虫病流行较严重，表示支持我回安徽发展。老师总是这样善解人意，慈祥可亲。

1990 年夏末，徐老师因病住院多日，我专程去广州到病房看望他。一年多不见，老师显得苍老了许多。见到我，他起身坐在床沿上，慈祥的脸上挂着微笑（其实徐教授素日是不苟言笑的）。我向他简单汇报了毕业后的工作生活情况，他再三叮嘱我，搞好事业的同时，要注重家庭生活的和谐。如能有机会，可重返中山医从事博士后研究。临行时，他还深情地整理了一下我的衣领，我含着热泪离开了病房……

没想到，那次见面竟成了和老师的永别！

新竹高于旧竹枝，全凭老干为扶持。如果说自己的事业生涯有了些许成果，徐老师就是那苍翠挺拔的树干。师者，传道，授业，解惑也。在我人生的关键时刻，徐老师一直为我"导航"。导师虽然离开我们三十多年了，但他的音容笑貌仍然镌刻在学生的记忆中；他的谆谆教诲永远激励着我，他的科学精神和人格魅力举起了我，并成为我一路前行的灯塔。

在此，借译 Graham 的"You raise me up"的歌词，表达学生对导师的思念：

当我失意低落时，我的心情是那么疲倦；

当烦恼袭来时，我的内心承受着沉重的负担；

我默默地伫立，静等着您的出现。

是您举起了我，我能立于群山之巅；

是您举起了我，我能行走于风口浪尖。

我强壮有力，因为有您宽厚的双肩；

是您举起了我，我才能远瞩高瞻。

世界上没有热望，便没有生命；

每一次心跳，虽然都不完善，

您的到来，却让我心中充满期盼。

"遥想吾师行道处，天香桂子落纷纷。"每每来到广州，登上中山医学院的高台，仿佛又见到了恩师。他没有走远，他就是桂花，虽不显艳丽华贵，却芬芳四溢。

学习徐秉锟教授守正创新、精业笃行的
精神，推进学科的可持续发展

中山大学中山医学院　吴忠道

人才培养是大学的核心任务，而学科建设是高质量人才培养的基础。人体寄生虫学归属于基础医学的病原生物学学科，其对基础医学、临床医学和预防医学的学科发展具有不可替代的作用。

徐秉锟教授是我国著名的寄生虫学家，曾经担任中山医科大学副校长和国务院学科评议组成员，为中山大学以及人体寄生虫学学科发展做出了重要贡献。作为陈心陶教授的得意门生，徐秉锟教授协助老师组建了中山医学院寄生虫学教研室。他跟随陈心陶教授深入疫区现场开展血吸虫病防治研究、并殖吸虫（肺吸虫）和恙虫等方面的研究，学术成果丰硕。此后，徐教授接任寄生虫学教研室主任，作为首批国务院审批的博士生导师，先后招收了詹希美、沈继龙、余新炳、陈发凯和李全贞等博士研究生，以及李长江、王文恭等硕士研究生，为中山医学院乃至我国的学科发展培养了一批拔尖人才和学科带头人。例如詹希美教授为国家级教学名师、余新炳教授为国家"973"项目首席科学家。作为杰出的科学家，在 20 世纪 80 年代，徐秉锟教授就敏锐地捕捉到数学和分子生物学及技术在医学和寄生虫学研究的革命性意义，在全国率先开展了现代寄生虫学研究，安排博士生进行吸虫数量分类研究和吸虫的分子生物学及遗传特征研究，支持他的博士生余新炳教授主编《现代寄生虫学》专著。他还创办了《广东寄生虫学会年报》，发起组织了中日寄生虫学学术交流会，并参与 WHO/TDR 有关热带病和腹泻病的防治规划制订，积极推进我国人体寄生虫学的国内外学术交流。徐秉锟教授还是全国高等医学院校规划教材《人体寄生虫学》第一版主编并连续担任第二、第三版主编。这一教材主编工作确立了我国临床医学和预防医学专业《人体寄生虫学》教材建设和教学模式的范式。在徐秉锟教授的领导下，中山医科大学人体寄生虫学学科建设成为首批国家重点学科、首批博士学位和硕士学位授予点单位。徐秉锟教授守正创新、精业笃行，为今日中山大学病原生物学学科建设水平稳居全国前列奠定了坚实的基础。

我知道徐秉锟教授的名字是从读他主编的规划教材《人体寄生虫学》（人民卫生出版社）开始的。1994年9月，我成为南京医科大学病原生物学专业的博士生。其间多次聆听导师赵慰先教授和吴观陵教授对徐秉锟教授事迹和学术成就的介绍。我特别记得，有一次，吴观陵教授在谈到学科建设时专门提到徐秉锟教授。当时吴老师说：他80年代陪赵慰先教授到广州开会，徐秉锟教授专门约他做了一次长谈。徐教授说寄生虫学是一门传统的学科，在分子生物学等前沿学科快速发展的时代，更应与时俱进，要主动地学习这些前沿学科的理论和技术，以促进人体寄生虫学与这些前沿/新兴学科的融合或交叉，只有这样，人体寄生虫学学科建设才能不断发展和进步。吴观陵教授的谈话，让我对徐秉锟教授更加敬仰。尽管没有机会见过徐秉锟教授，但徐教授在我的心中就是一位学术大家，是一位能引领前沿的知名科学家。现在只要一谈到"守正创新"这个词时，我自然就会想到徐秉锟教授。

博士毕业后，我来到广州，进入中山医科大学博士后流动站做寄生虫学研究，合作导师是余新炳教授。应该说从这时开始我也成为徐秉锟教授名下的弟子。出站后，我更有幸留在中山医寄生虫学教研室工作，从而成为中山医科大学人体寄生虫学科的教师。在这个由陈心陶教授创建、徐秉锟教授赓续发展的学术平台上，我的事业和学术发展也较顺利。2001—2002 年，我先后获得了教授资格和教授岗位聘任。在资深教授的指导和支持下，我也担任过人体寄生虫学教研室主任，后来还担任过中山医学院的副院长和党委书记。每当想起自己的成长过程，心中便会很自然地涌出对人体寄生虫学科无比的亲切感和依赖感，感觉到学术前辈就像一个巨人矗立在前方，俯瞰守护着我们，给我们无穷的力量和前进的动力。

在筹办徐秉锟教授诞辰 100 周年纪念活动的过程中，我与吕志跃和吴瑜老师一道收集先生的相关资料，对中山医人体寄生虫学的学科历史和徐秉锟教授有了更深入的了解和认识。作为改革开放后中山医学院人体寄生虫学学科带头人，徐教授坚持面向寄生虫病防治需求和学科前沿开展研究的原则，坚持学科特色与学科前沿的有机统一，带领中山医人体寄生虫学科实现了学科建设从以生态学研究为主，进入到分子寄生虫学研究为主的新阶段，学科在业界的领先地位得到进一步加强。徐秉锟教授在学科发展过程中，发挥了承上启下的关键作用，是我们学科发展史上的标志性和代表性人物。当前科学技术发展进入了以整合、数字化和 AI 为主要趋势的发展阶段，此外寄生虫病防治的现实需要也出现了新情况。面对新的形势与新的情况，作为基础医学的重要学科组成，人体寄生虫学如何在"双一流"学科建设中注入新活力、获得新的发展，是学科不可回避的问题。

今天，我们纪念徐秉锟教授，就是要学习和弘扬他"守正创新、与时俱进"的学科建设思想，坚持"四个面向"、坚持创新发展。目前，寄生虫病仍然是严重危害人类健康的公共卫生问题。即使在我国社会经济高速发展的今天，包虫病、肝吸虫病等食源性寄生虫病仍然在局部地区流行；日本血吸虫病、钩虫病、黑热病等过去广泛流行的寄生虫病并未消除，人体感染的危险仍然存在。此外，血吸虫病、疟疾和锥虫病等国外寄生虫病的输入危险因素逐年增多。因疟疾、登革热、寨卡、黄热病等虫媒病在全球的广泛流行，新型媒介防控技术也日益受到重视。因此，我们要不忘学科初心，坚持以人体寄生虫/虫媒和寄生虫病为研究对象，充分应用现代科学技术，开展重要寄生虫与宿主相互作用机制研究、寄生虫病和媒介生物防控的关键技术研发，基于寄生虫的虫源性药物及模式生物研究，为人类认识复杂生命现象做出重要贡献，为人类健康维护提供关键技术支撑。

中山大学进入了建设世界一流大学的新发展阶段。去年，中山医学院对基础医学学科建设单位进行了重组，组建了8个学系，我们人体寄生虫学学科纳入病原生物学和生物安全学系。我们要在新的学科框架下，进一步凝练学科发展的思路和优势，坚持从国家战略、广东省疾病防治的实际需求出发，加强螺传寄生虫病（肝吸虫病、血吸虫病和广州管圆线虫病）的致病机制和防控技术研究，努力将新型媒介蚊虫防控技术、输入性螺类生物监测与防控技术作为学科建设的新增长点，以推进我校人体寄生虫学学科的可持续发展。

传承先生精神，努力将学科建设好，是我们对徐秉锟教授最好的纪念！

何用堂前更种花

——追忆徐秉锟先生二三事

中山医学院/中山大学出版社　徐　劲

先生是一种称谓，更是一种修为。古贤范仲淹曾语："云山苍苍，江水泱泱，先生之风，山高水长。"徐秉锟先生不仅是传道、授业、解惑的经师，更是言传身教如何立身处世，为后辈示范风度和风骨的人师。

20 世纪 80 年代中后期，我在余炳桢教授、容瓛教授夫妇主持的蠕虫免疫一室当技术员。当年寄生虫教研室有 8 位教授、8 位副教授，虽然研究生招收数量还很少，但当时教研室已有 40 多人，相较于全国医科高校的寄生虫学教研室来说，中山医的可谓人才济济、师资雄厚鼎盛。在中山医系统内，学校对寄生虫教研室更是推崇备至，因寄生虫学教研室既是全国的重点学科，又是全国医学本科教育《人体寄生虫学》教材的主编单位；不仅承担着国家"七五"攻关等重大项目，而且获多项国家、省部级科研成果奖（包括国家自然科学奖、广东省政府授予消灭血吸虫病特等奖）。徐秉锟先生时任中山医科大学寄生虫病研究所所长。

徐秉锟先生留给我最深的印象，虽然只是几个片段，却让人始终无法忘怀。

当时寄生虫学教研室有一项传统的节目，连续办了好多年，曾带给我们这些刚参加工作的年轻人特有的欢乐时光。节目内容是教研室选一天，由教授们在家里各尽自己所能分别做一道菜，然后将菜汇集到教研室的会议室供大家一起分享。因为教研室人多，所以每一道菜都需要很大分量，记得每次余炳桢教授、容瓘教授夫妇在家做好后都是由我们蠕虫免疫一室的年轻人去帮忙搬。教授们做的菜肴可谓中西结合、南北混搭，摆在长方形的会议桌上那景象可谓蔚为壮观。平时我们都是埋头做实验，有机会和大教授们欢聚，边品尝着教授们的手艺边听着他们谈古论今，那氛围可谓其乐融融。往事已近四十年，当年还被称作"青年教师"的同事现都已相继荣休，但那时青年教师用饭盆喝酒的壮举至今还在"江湖"流传。以徐秉锟先生为首的大专家们，平日在教研室都是谈论工作，一向是严肃认真，而在这样温馨的时刻留给我们的印象却又是平易近人、温文尔雅，甚至笑容可掬。当然，平日偶尔还会看见徐秉锟先生身着西服——上身深色西装下身浅色西裤风度翩翩地走在校园，我们就知道又有外宾接待任务。这些日常的点点滴滴，有时在欢聚中也会成为我们的美谈。教研室犹如一个大家庭，是他们前辈为教研室创造了既严肃又活泼的和谐氛围，在教会我们年轻人严谨做学问的同时，还教会我们如何做人和处事，这是我们后辈终生都受益的。

偶遇徐秉锟先生弹钢琴。徐秉锟先生的学术造诣可谓高山仰止，在学界是有公论的，但能弹钢琴而且行云流水，估计知之者不多，有幸聆听者更是少矣。记得有一天，我送文件到徐秉锟先生家，当站在门口时听到屋里传来悦耳的钢琴声，弹的是一首《爱的罗曼史》，当时还以为是徐秉锟教授的夫人邓漪平教授在操琴，因不忍打断就在门口聆听直到结束，进门后才知道是徐秉锟教授在弹。震惊之余更添崇敬之心，然再听徐秉锟先生的一席话更是让我瞠目结舌，他说其人生的追求本是希望成为一位钢琴家。随后徐秉锟教授还谈到当时在中山大学生物系任教的江静波教授，说这位同门师兄要出版一本小说叫《师姐》，将来不妨读读，在简要的对话中，人文、艺术素养的概念我还是第一次耳闻。医学教育发展到今天，在医学生的培养中医学人文的熏陶不可或缺，这业已成为医学界共识，但我们的前辈其实已经为后来者树立了榜样。

徐秉锟先生在病房的嘱咐。1990 年 10 月，由教研室推荐，经学院党政联席会议同意（李桂云教授时任我们基础医学院院长），学校用 CMB（中华医学基金会）的经费，公派我到香港大学微生物系进修。在 1991 年春我中途返校后正遇到徐秉锟先生住院，记忆中，他前期是在中山二院后来转到中山一院治疗，教研室协调安排我们年轻人可自愿分别去照护。在病房的闲暇时候，我除了汇报在香港的学习情况，更多是谈谈各种生活见闻，巧合的是还遇到徐秉锟教授的亲侄子，他竟然是我中学的同班同学。虽然我不久又重返香港进修，但有机会受教于徐秉锟先生的这段时间，记忆最深的是两件事：其一是先生讲述"文革"期间下乡养猪的经历和趣闻，言谈间做人做事的风骨彰显无疑；其二是意味深长地鼓励我要继续求学，徐秉锟先生在病床的嘱咐成为我日后不变的追求。往事回忆，显然有些惆怅。我虽然继续求学获得了硕士、博士学位，因而也有幸成为徐秉锟先生的嫡系徒孙，但对于后来并没有在寄生虫学领域深耕又深感遗憾。主要原因也是各种机缘巧合：2003 年中山大学组织部门安排我到江门市卫生局挂职锻炼，随后我更多的时间和精力则是在中山大学做行政服务性工作；在将结束职业生涯的最后十年组织又安排我到中山大学出版社任职，现在倒是职责所在每天都书稿不离手，聊以自慰也算是没有辜负徐秉锟先生的嘱咐，至今还在努力学习。

愿徐秉锟先生千古。

可敬可佩的教授——徐秉锟

中山大学中山医学院　　梁　炽

徐秉锟教授是一位事业心极强、喜于忘我、专于学问、不拘于辈分与你相交的学者。我有幸参与徐秉锟教授负责的两本教材/专著的编审。

一是全国统编教材第一版《人体寄生虫学》的编写。

1979 年，第一版全国统编教材《人体寄生虫学》确定由中山医学院寄生虫学教研室负责主编，筹备会议于当年的暑假期间在广州矿泉宾馆召开，来自全国 20 多个单位的专家教授参加了会议。

徐教授是编写组的组织者，编写提纲的制订者。我有幸参与了会议的会务工作，主要负责会场布置、参会专家的回程机票、车票的预订登记等后勤工作。为了便于工作，徐教授安排我和他同住一间房。会议期间，我目睹了徐教授与各位编写专家进行交谈的过程。会议前一天晚上，徐教授亲自前往寄生虫学界前辈们的房间一一拜访，直到深夜 12 点后才回到自己的房间。在会议召开期间，每天晚上都有一批又一批专家前来拜访徐教授，向他请教和探讨如何编写好自己负责的相关章节。徐教授都能耐心细致地与每位专家深谈，将自己的专业知识和见解一一传授给每位专家。而我目睹了徐教授迎接一批、再送走一批专家的全过程，直到深夜一两点钟，一连三天晚上都如此，可谓语挚情长。

瞬间就到了半年后，一批又一批的稿件邮寄到了寄生虫学教研室，徐教授又忙碌在一批批稿件的审阅和修改之中。他将修改后的稿件分配给黎家灿、刘子珍和莫艳霞三位老师进行抄写。我负责一些插图的修改和重绘工作，徐教授对需要修改的插图都做了详细的讲解，如某些插图的线条需要加深、有些插图需要放大或缩小等都讲解得清清楚楚，可谓认真细致、不厌其烦地解释。经过多少个日日夜夜的操劳，徐教授总算按出版社的要求将稿件寄出，圆满完成了本次的编写工作。

二是《中国动物志扁形动物门吸虫纲复殖目》的稿件终审。

《中国动物志扁形动物门吸虫纲复殖目》一书，由中山医学院寄生虫学教研室主编，编写会议于 1975 年在广州沙面胜利宾馆召开。全国众多的专家教授汇集广州，陈心陶教授作为主编单位的负责人主持了本次会议。会上首先传达了国务院对编写中国动物志的目的和意义的肯定；对中国动物志扁形动物门吸虫纲复殖目吸虫第一卷的编写内容进行了讲述；并向参会者分配了各章节的编写任务。我有幸参与了会务组工作，聆听了会议内容。可惜，1977 年陈心陶教授因病与世长辞。

中国动物志扁形动物门吸虫纲复殖目第一卷的定稿会议，于 1979 年在厦门大学召开，由唐仲璋教授主持会议。会议期间，唐教授将自己承担的编写章节向到会的专家进行了演示，之后又与他们进行充分的讨论，结果大家一致认为，将唐教授的编写模版作为第一卷的模板，要求每位编写专家按这个模式进行修改。

时光瞬间到了 1984 年，多数单位都完成了自己所负责章节的编写工作，稿件寄往审稿负责人厦门大学唐教授处集中。唐教授收到稿件后，觉得自己已经八十高龄，难以胜任稿件的审阅和编序任务。因此与徐秉锟教授商讨，希望由徐秉锟教授负责终审，并进行章节的排序工作。徐教授接受了这个任务。在收到转来的稿件后，他日以继夜地工作，对稿件进行认真审阅。审阅后的稿件如有改动，必须重新抄写，抄写任务又一次由恙虫室的黎家灿、刘子珍和莫艳霞老师来完成。有些插图需要进行修改，如插图的线条过浅或过细等，就由我来完成。在整个稿件的审阅、修改和排序等过程中，大家可谓劳心劳力、不分昼夜地进行，终于在可控的时间内圆满完成了这本巨著的编排和审核任务。稿件完成后，徐教授特委派李桂云教授亲自将稿件送往北京科学出版社。1985 年 12 月，这本巨著出版了，该书于 1987 年获得国家自然科学奖。徐秉锟教授的名字未能在巨著中提及，但这就是徐教授的心愿：为自己的老师陈心陶教授去完成该完成的工作，正是徐教授心中不可推卸的责任。

他打下的每一束光　都照亮了未来的路[*]

——记我国著名寄生虫学家徐秉锟教授

朱素颖

徐秉锟（1923—1991），福建古田人。1945 年毕业于福建协和大学生物系，1946 年进入广州岭南大学生物系就读，1948 年获硕士学位并被选为斐陶斐励学会（金钥匙奖）会员，留任岭南大学医学院寄生虫科讲师。1956 年晋升为副教授，1978 年升为教授，兼任寄生虫学教研室主任，1980 年 6 月任中山医学院副院长、党委常委。曾任中山医学院寄生虫学教授、博士生导师、寄生虫学研究所所长、第一军医大学名誉教授、广东省寄生虫病研究委员会主任委员、广东省寄生虫学会理事长、河南省科协顾问、国务院学位委员会学科评议组成员与基础医学 1 组召集人、国务院学位委员会西医专家小组成员、中国寄生虫学会副理事长、全国寄生虫病专家咨询委员会副主任委员、英国皇家热带医学暨卫生学会中国分会会员、联合国热带病研究和培训特别规划署联合协调委员会成员、世界卫生组织腹泻病控制规划委员会成员、世界卫生组织西太区血吸虫病指导委员会成员。

评价一个科学家取得多大成就，除了看他个人科研事业上的贡献外，还要看他是否站在了历史的彼岸，激励一代又一代科研工作者前赴后继。中山医学院原副院长徐秉锟教授便是这样一位科学家。他是我国

---

　　[*] 本文节选自朱素颖编著《学问精处是苍生，岭南医学院与它的大师们》，南方日报出版社 2019 年版。

现代寄生虫学奠基人陈心陶教授最杰出的一位弟子，如果说陈心陶教授的《医学寄生虫学》作为我国寄生虫学专业的经典著作，是专业人员必不可少的参考书，那么徐秉锟主编的第一、二、三版《人体寄生虫学》则在另一种形式上指导专业教师和医学生学习，影响之大、程度之深不亚于其师。

才华横溢的少年

徐秉锟原籍福建古田县，1923 年 12 月 12 日生于一个基督教牧师家庭。父亲在他 6 岁时便因病去世，母亲不得不面对一贫如洗、负债累累的困境。但这位坚强能干的女性，依旧尽力把家里安排得井井有条，拉扯了三个孩子长大。在教会的资助下，徐秉锟三兄弟上了教会学校念书。

为了帮补家庭，徐秉锟小小年纪便被送去中药铺当学徒。高二时，日军飞机轰炸福建，在一次空袭中母亲不幸丧生。幸好后来徐秉锟的大哥进了海关工作，家里经济方才好转，徐秉锟与弟弟徐秉铮才得以继续深造。

1941 年，徐秉锟毕业于福建英华中学，成绩极为优异，被好几所大学同时录取。但是，由于生活贫困，而福建协和大学又可以提供一年 300 个大洋的政府奖学金，因此，徐秉锟选择了医科预科（后转生物系）就读。在学校时，徐秉锟的爱好十分广泛，才干已经极为突出。他时常在报刊发表医学科普文章，稿费得以补贴生活费，到毕业时已经发表了 200 多篇。业余时，他也当过戏剧导演。据他的终生好友、同班同学江静波回忆，徐秉锟还曾被教堂里的乐师誉为"神童"。凡乐师在钢琴上奏过一次的乐谱，无论如何复杂，他都能复奏出来。

一门双杰

1945 年徐秉锟与江静波双双以优异成绩通过毕业答辩，并同时被我国寄生虫学奠基人之一、岭南大学医学院的陈心陶教授招为研究生。

徐秉锟的毕业论文是《邵武常见数种鱼类之内脏比较解剖》，江静波的则是《邵武牛体寄生之蠕虫》。后来，徐秉锟成了中山医学院寄生虫学研究所所长，江静波则成为中山大学生物系寄生虫研究室主任。于岭南大学生物系读书期间，徐秉锟与江静波还同时被选为斐陶斐励学会（即金钥匙奖）会员。这种荣誉获得者以前每年只有一个，但他们却双双被选上了，被时人颂为"一门双杰"。

率先提出发展免疫寄生虫学和分子寄生虫学

除了跟随陈心陶教授进行血吸虫病的研究，继续将血吸虫防治工作引向深处外，从 20 世纪 50 年代开始，徐秉锟便开始参加中央组织的控制恙虫病在广州地区流行的工作，进行恙虫病流行病学、恙螨形态分类学、实验生态与防治等的研究。他不但摸清了恙虫病媒介种类在广东省的分布情况，还通过恙螨和鼠类的恙虫病立克次体分离确定了恙虫病的媒介种类和主要媒介的宿主种类，其中许多是首次发现的恙螨种类，填补了国内外空白。他的研究为消灭恙虫病媒介地里纤恙螨提供可靠证据，该项成果早在 1960 年便被《微生物学报》编委会推荐刊登到《中国科学》进行国际交流。他首次提出恙虫病预测预报的媒介恙螨生态学理论，为预测预报一个地区的恙虫病流行趋势提供了可靠的线索，同时也为消灭恙虫病提供了科学理论基础。他首次将放射性同位素应用于媒介恙螨的实验生态学研究，利用 Co 60-γ 射线诱导媒介恙螨遗传突变获得新的品系，该品系与原品系的杂交后代表现出遗传的优势。经过全市人民的努力，20 世纪 50 年代中期，恙虫病终于停止在广州市流行，以致后来偶发病例都常被医生误诊，被当作疑难杂症处理。1978 年，徐秉锟的"恙虫病防治研究"项目获得国家科学大会奖。

徐秉锟的贡献并不止步于恙虫病的研究。20 世纪 80 年代后，他支持数学分类的概念，包括聚类分析和排序，对并殖吸虫进行了研究，从量上分析它们之间的独立性和连续性，更科学地反映出生物种的真实性。这是寄生虫学发展的重要一步，标志着传统寄生虫学转向开上了分子生物学的快车道。今天，我国开展寄生虫基因 DNA 序列分析方兴未艾，这充分显示出了徐秉锟作为一名卓越科学家的远见卓识。我国著名寄生虫学家、"973"项目首席科学家余新炳教授评价说："徐秉锟教授倡导'正读反思'学术思想，推崇'成于思、毁于随'科学信条，勇于学术创新。他率先提出了发展'免疫寄生虫学'和'分子寄生虫学'的学科发展思路，为我国现代寄生虫学的发展做出了重要贡献。"

其人淡泊名利、宁静致远。

徐秉锟为广东省特别是广州市控制消灭恙虫病做出了巨大的贡献，但是在"文化大革命"期间，他也受到冲击。在恙虫病研究进行得热火朝天，成果越来越丰硕时，他的科研突然被中止，被另分配去分析车前草。"人生里滋味万般，都只能接受和消受。"到底意难平时，徐秉锟便去爬白云山，在竹丝村门前的空地里种粉蕉（即小米蕉）。据徐秉锟夫人邓漪平回忆，徐秉锟的手极巧，小时候他便会编织草鞋，在家里会穿竹帘、酿糯米酒，种出来的粉蕉又大又漂亮，收获的果实全分给了竹丝村的邻居。人生有着这样一种淡泊镇定打底，无论什么难处都可以慢慢消解、稳稳漫步。

1987 年，徐秉锟早已是国内外闻名的寄生虫学家，在国内外担任了重要的学术领导职务，如国家学位委员会成员等，代表我国参加了联合国卫生组织的会议；在国内外重要刊物上发表了 150 多篇论文，主编了近 500 万字专著。他还同时担任了多年中山医学院分管科研的副院长，为中山医学院发展为中山医科大学立下不朽的功勋。但是，他从不摆架子，从不炫耀，更不居高临下，一直低调谦虚、以身作则，教导弟子踏实做人，严谨进取。他的开门弟子詹希美获得博士学位后，想把恩师发表的文章收集起来，免得要查找时到处翻寻。但是徐秉锟说："我写的文章很多都已过时，有些一想起来便脸红，如果有时间我要重做实验重写文章。"

"花繁柳密处拨得开，才是手段；风狂雨急时立得定，方见脚跟。"随着许多重要寄生虫病被陆续消灭或控制，再加上学科重组和调整，寄生虫学和很多传统学科一样，面临着巨大的挑战，也蕴含着更广阔的发展空间。如何拨开这纷纭的学术迷雾，寻找出学科发展的新思路，徐秉锟为未来打下了一束耀眼的光。